西局玉璞园
青少年社会实践
活动手册

高付元 王虎纹 赵丰年 著

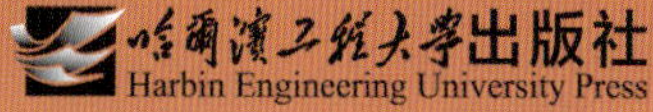

西局玉璞园青少年社会实践活动手册

XIJU YUPUYUAN QINGSHAONIAN SHEHUI SHIJIAN HUODONG SHOUCE

图书在版编目（CIP）数据：

西局玉璞园青少年社会实践活动手册 / 高付元，王虎纹，赵丰年著 . -- 哈尔滨：哈尔滨工程大学出版社，2022.10

ISBN 978-7-5661-3746-3

Ⅰ . ①西… Ⅱ . ①高… ②王… ③赵… Ⅲ . ①青少年－社会实践－手册 Ⅳ . ① D432.64-62

中国版本图书馆 CIP 数据核字 (2022) 第 199850 号

选题策划：石 岭
责任编辑：李 暖
封面设计：杨 婧

出版发行：哈尔滨工程大学出版社
社　　址：哈尔滨市南岗区南通大街 145 号
邮政编码：150001
发行电话：0451-82519328
传　　真：0451-82519699
经　　销：新华书店
印　　刷：哈尔滨理想印刷有限公司
开　　本：889 mm×1194 mm　1/16
印　　张：11.5
字　　数：166
版　　次：2022 年 10 月第 1 版
印　　次：2022 年 10 月第 1 次印刷
定　　价：168.00 元
http://www.hrbeupress.com
E-mail:heupress@hrbeu.edu.cn

◎前 言◎

本书为1~9 年级中小学生课外社会实践拓展活动用书。本书以北京市丰台区卢沟桥乡西局玉园的附属公园——西局玉璞园作为活动场地，以中国大历史背景下的城市化进程为观察视角，用西局村作为元代皇家磨玉局制玉、磨玉的历史背景，使学生了解中国城市化进程的历史变迁，学习中国古代的玉文化与制玉工艺，感悟中国古代工匠的“工匠精神”；同时，学生能够用科学的方法学习了解城市园林建设、乡土植物调查方式，以及植物工艺实践，在实践拓展活动中开阔眼界，发扬科学探索精神。

◎ 活动导学 ◎

本书旨在通过在西局玉璞园开展系统学习和探究活动，使广大中小学生对西局历史、西局磨玉文化、园林知识三大模块形成基本认知。拓展活动课程主要针对“西局”“玉璞”“园林”三大模块进行课程设计和开发。

“西局”课程为“城市化的历史变迁 —— 从‘皇家磨玉局’到人民玉园”，此活动课程整体向同学们介绍西局村的起源、发展、演变，让同学们感受到大历史背景下小村落的曲折前进过程。

“玉璞”课程为“走进‘元代皇家磨玉局’—— 中国玉文化与制玉工艺”，此课程带着同学们穿越历史，认识不同历史时期的代表玉器及其功能，让同学们对中国玉文化形成整体理解；然后以西局村磨玉工艺为切入点，详细向同学们展示磨玉匠人加工制作玉器的全过程，让同学们感受到磨玉中的工匠精神。

“园林”的三部分课程之一的“打造特色城市园林 —— 蓝晒工艺探究”，同学们通过此课程可以认识古典摄影工艺 —— 蓝晒法，采集玉璞园中“你”喜欢的植物叶片，利用蓝晒法制作成独具特色的植物蓝晒画；“打造特色城市园林 —— 城市园林建设与乡土植物调查”课程帮助同学们认识常见城市绿地面积测算方法，在教师的指导下利用卫星遥感地图和方格法测算玉璞园绿地面积，然后对城市绿化关键乔木树种展开调查；“打造特色城市园林 —— 园林降温增湿功能研究”课程，同学们可以通过理论学习、案例对比，了解园林的城市肺脏功能、调节温度 / 湿度功能、净化空气功能等，教育并培养中小学生爱护植被、保护园林生态环境的优秀品质。

◎ 活动框架体系 ◎

西局玉璞园

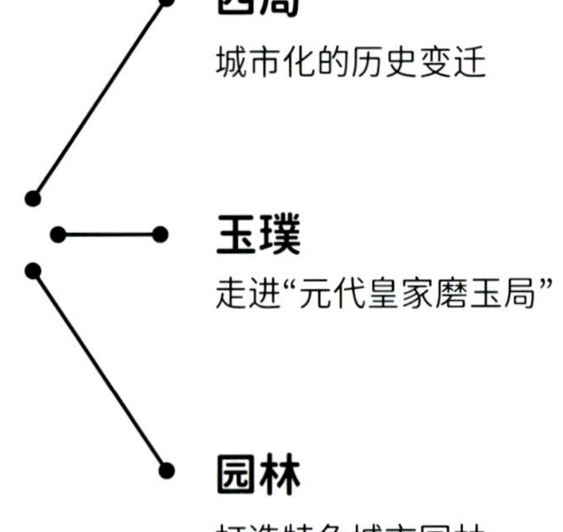

西局
城市化的历史变迁

- 从“皇家磨玉局”到人民玉园（公共必修课）

玉璞
走进“元代皇家磨玉局”

- 中国玉文化与制玉工艺（公共必修课）

园林
打造特色城市园林

- 蓝晒工艺探究（1~3 年级）
- 城市园林建设与乡土植物调查（4~6 年级）
- 园林降温增湿功能研究（7~9 年级）

◎目 录◎

第一章

西局 城市化的历史变迁

从“皇家磨玉局”到人民玉园

第一节 大历史背景下的西局

西局从哪里来？又是怎样演变成如今的模样？这是每一个来到西局的人都会好奇的问题。其实，西局地区的起源、发展都离不开整个北京市的历史变迁。让我们穿越历史的重重迷雾，回到西局发端的元代，然后一路向前，回溯大历史背景下西局村落的演变。

一、玉臻京西

1206 年，在广阔的漠北草原上，一代天骄成吉思汗，统一蒙古各部，建立“大蒙古国”，自称“成吉思皇帝”（即成吉思汗）（图 1-1）。1215 年，成吉思汗的铁骑军队攻陷金中都城，并且用一把大火烧了金代皇宫。此后，金中都改为“燕京”。但直到 1260 年，忽必烈登基，建立元朝，才决定将都城建立在燕京，改名元大都。

图 1-1 蒙古帝国建立者成吉思汗

元代的大都城（图 1-2）不仅是全国的商业和文化中心，而且也是手工业生产中心。元朝统治者在这里建立了一整套庞大的手工业生产体系，设置了众多的隶属于中央政府、皇家贵族、地方政府等各种机构的手工工场，使得大都地区的手工业发展水平达到了历史上的最高点。与此同时，

大都地区的私营手工业生产也随之有了较大的发展，出现了许多小作坊，进行个体生产。在这种情况下，大都城的手工业场所遍布于京城及京畿的各个地方。

图 1-2 元代大都城示意图

因元朝统治者重视手工业，于是朝廷向全国招募能工巧匠，用以为朝廷制玉、磨玉，吸引了全国各地能工巧匠前来面试，经过严格筛选考核，只有数十位碾玉工被录用，于距南城彰仪门外一千米处，成立了磨玉局，碾玉工携家聚居于此，经过长时间发展，形成了自然村落，西局村便成村于这一时期。有志书《析津志辑佚》可以印证：元代“南城彰仪门（图 1-3）外，去二里许，望南有人家百余户，俱碾玉工，是名磨玉局。”因磨玉局在城西，故称西局，村名一直沿用至今。

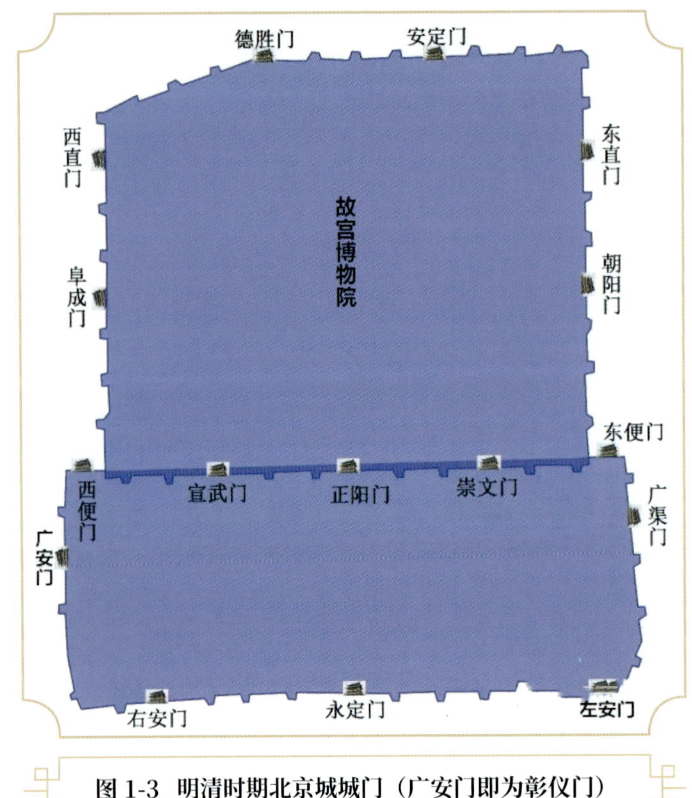

图 1-3　明清时期北京城城门（广安门即为彰仪门）

◎ 西局:城市化的历史变迁——从“皇家磨玉局”到人民玉园 ◎

明清时期，北京是中国的首都，位于北京西南部的西局也出现在这一时期的文献中。明万历二十一年（1593年），沈榜著《宛署杂记·街道》（图1-4）记载：“县之西南，出彰仪门曰鸡鹅房（今鹅房营）管头村，又二里曰东局村、西局村，又二里曰柳巷村（今六里桥），又二里曰小井村，又五里曰‘风台村’，又二里曰看滩（坍）村。”此为目前可见的“西局村”村名最早的文字记载。

图1-4 《宛署杂记》

学习测查

1. 单选题：北京有三千多年的建城历史，八百多年的建都史。历史上，北京有诸多旧称，以下名字属于北京旧称的是（　　）。

A. 元大都

B. 金中都

C. 幽州

D. 金陵

2. 判断题：元代统治者重视手工业生产，在玉器加工方面，统治者召集碾玉工，这些工匠聚集在西局地区，西局村由此成村。（　　）

3. 单选题：北京俗称“四九城”，四九城是指皇城四个城门，内城的九个城门。其实北京外城（即南城）也有诸多城门，西局村距离（　　）城门最近。

A. 广渠门

B. 广安门

C. 安定门

D. 正阳门

二、玉汝于成

时间转眼来到了清朝末年，因清政府的腐败无能，中国人民经受了鸦片战争、中日甲午战争、八国联军侵华战争等一系列侵华战争，北京这座曾经太平繁华的古都在一次次战火的蹂躏下变成满目疮痍的人间炼狱。在这样的时代背景下，西局村经历了什么？

1937 年 7 月 7 日夜，卢沟桥事变爆发（图 1-5），日军炮轰宛平城，发动全面侵华战争。日军驻扎丰台，以丰台为驻点，对北平发动全面战争。距离卢沟桥仅数公里的西局村率先嗅到了战争的气息。

图 1-5　驻守卢沟桥的中国机枪手

知识卡片——敢为人先：西局与中日园艺研究所

1986 年，由农业部、北京市农业局、丰台区农林局、乡农业管理站与日本米可多株式会社和三菱株式会社形成农业合作项目，成立了中日园艺设施试验点，目的是改进中国农业设施，提高农业栽培技术。在全国一共设有 4 个中日园艺设施试验点，分别在北京、上海、大连、沈阳。在北京的试验点选择了当时蔬菜种植声名远扬的卢沟桥，最终选择原西局乡原种子站内作为园艺设施试验点。

1988 年，日方专家先后引进西兰花、团生菜、紫叶生、樱桃西红柿等 100 多个新蔬菜品种，在场内试种成功，主要的栽培技术有大棚多层膜覆盖、育苗盘育苗、育苗钵分苗、黄瓜嫁接、西瓜嫁接、滴灌浇水、喷灌、多种复合肥使用和无土栽培等。在全国起到了示范作用，带动了中国农业结构发展，北京菜篮子工程基本模式就是此项目引进的结果。同时，中日园艺研究所也成为重要的特菜供应点。

知识卡片——敢为人先：西局与中日园艺研究所

尤其需要说明的是，西兰花并不是我国本土蔬菜品种，西局正是敢于“吃螃蟹”的人，在此期间，西局与日方专家一道将西兰花引入中国，并且取得巨大成功。

学习测查

1. 单选题：抗日战争是第二次世界大战中，中国军民抵抗日本侵略的一场民族性正义战争。以下关于抗日战争起止时间的选项，正确的是（　　）。

A. 战争起点：1937 年 7 月 7 日卢沟桥事变。战争终点：1945 年 9 月 2 日日本宣布投降

B. 战争起点：1937 年 7 月 7 日卢沟桥事变。战争终点：1949 年 10 月 1 日新中国成立

C. 战争起点：1931 年 9 月 18 日九一八事变。战争终点：1945 年 9 月 2 日日本宣布投降

D. 战争起点：1931 年 9 月 18 日九一八事变。战争终点：1949 年 10 月 1 日新中国成立

2. 填空题：1988 年，于原北京西局乡原种子站内的中日园艺设施试验点内，日方专家先后引进了（　　）、（　　）、（　　）、（　　）等 100 多个新蔬菜品种，在场内试种成功。

三、玉琢成器

2008 年北京举办第 29 届夏季奥林匹克运动会，北京迎来发展新阶段，全国甚至全世界人才大量拥入北京。大城市得到飞速发展的同时，土地和资源却越发稀缺。于是，城市的“脚”向农村迈步，人口大量拥入城乡接合部。矛盾错综复杂，发展难以持续，城乡接合部陷入困局。

北京就像奔跑前进中的运动员，而唐家岭、大望京村、西局村等城中村就像一道道小伤口，分布在运动员身体各处。如果不防治，一旦某天伤口发作，牵一发而动全身，那么原本强壮的运动员就跑不动，更别说跑得快了。

西局村处在城市发展的活跃地带，与城市中心区在基础设施建设和生活资源配备方面存在巨大反差，水、气、电、暖等供应压力大，教育、医疗资源不够充足。

同时，西局村由于其优越的区位、廉价的租屋，大量外来人口在此聚居，虽然短期内给这一过渡地带的经济发展增添了活力，但在一定程度上也制约了西局村的发展，流动人口多、治安案件多、环境脏乱、交通拥挤、消防隐患等诸多社会问题拉低了西局村村民及租住居民总体生活质量（图 1-7）。

图 1-7 “城乡一体化”改造前的西局村

2010 年初，西局村被北京市政府列为城乡一体化改造建设重点村。为了解决西局村的历史遗留问题和实际发展过程中带来的负面影响，西局村以科学发展观为依据，结合西局村经济发展的前景和需要，根据土地用途、性质进行规划布局调整，为西局“城乡一体化”建设改造工作的推进打下了坚实的基础。

经西局村村民委员会第八届第一次村民代表大会集体讨论通过了《西局村宅基地腾退补偿安置办法征求意见草案》《西局村“城乡一体化”改造安置用房优惠售房办法（草案）》，由乡指导组组长、村总支书记对腾退组织机构人员进行腾退工作部署，组织村民完成《腾退补偿安置协议书》和《安置用房认购协议书》的签订。

经过多次反复论证，不断协调沟通，最终确定了“城乡一体化”改造建设的整体规划方案，通过采用原址回迁的方式安置，西局村旧村建筑全部拆除，村民回迁安置，以建造村民放心房、宜居房为目标，聘请知名设计公司精心规划并不断优化回迁房建设方案，委托有信誉的建筑公司承担回迁房建设和管理工作，保障回迁房的质量。建造小区景观园林，完善配套设施，寄情民生福祉，人人得以安居，按照高标准、严要求，把西局村回迁房建设成百姓安居房的典范。

2013 年 8 月，丰台区卢沟桥地区西局玉园社区建成并交房。新建的村民安置社区不仅改变了原有旧村环境面貌，更进一步实现了社区化管理，村民得以享受更为优越的医院、学校、幼儿园、文化公园等各项配套设施，使得村民整体精神面貌也随之改观，村民幸福指数整体得到提升。

由乱到治，破旧立新，西局村在村党总支的带领下，平稳有序地完成了重点村建设，推进了城乡一体化改造，村域发展呈现出崭新的面貌（图 1-8，图 1-9）。西局村村民在党总支的带领下跟随历史的车轮走进新的时代，开启幸福生活新篇章！

新颜

图 1-8 西局村旧貌与新颜

图 1-9　西局玉璞园

学习测查

简答题：在北京市“城乡一体化”改造浪潮中，西局村交出了令人满意的答卷，西局村村民也拥有了自己的公园——西局玉璞园。纵观大历史背景下的西局，从元代“皇家磨玉局”到如今人民当家做主拥有自己的西局玉园小区和西局玉璞园，假如你是西局玉璞园设计师，你准备将哪些元素融入公园中？

乌镇在打造过程中，有哪些优势呢？

首先，乌镇是传统的“小桥流水人家”（图 1-12），这个特点是吸引游客的第一项法宝。乌镇所在的桐乡市本身属于交通枢纽地带，位于杭州和上海两大都市之间，交通十分便利，对于前来旅游的游客来说，出行成本较低。

图 1-12 乌镇：小桥流水人家

其次，乌镇在建设时充分考虑了传统人文底蕴的保留，在乌镇的老街上漫步，历史文化建筑（图 1-13）、古镇的专题展览馆、悠久的老式作坊让人心旷神怡，这里看不到城市中到处耸立的电线杆子，看不到地面上排布的水管，这些与古镇风情相悖的工程全部埋藏在地下。

图 1-13 历史文化建筑代表：茅盾故居

二、 婺源：特色村落模式

婺源县位于江西省东北部，是赣、浙、皖三省的交界处，著名的古徽州六县之一，也是徽州文化的发祥地之一，今属江西省上饶市下辖县。婺源优势主要体现在三个方面：其一，由徽派古建筑营造的独特徽州风情；其二，婺源自然风景优美，满足城镇游客追求的桃花源般的田园生活；其三，婺源文化源远流长，文化展示形式多样。

婺源在打造徽州风情村落时，主要采用景观式。景观式是指为了保持古村落原始风貌特征，除古建筑按原样修复以外，新建筑也按传统样式建造，以求达到统一的古村落景观效果。

婺源的徽派古建筑分布范围广、密度低，夹杂在黄绿亮眼的油菜花之中（图 1-16、图 1-17 和图 1-18），与自然景观融为一体，形成绝美的乡村景色。当地政府抓住这一特色，一方面对古建筑按照“修旧如旧”的原则进行修缮，另一方面对新建房屋坚持传承创新的原则，要求所有新建房屋必须按徽派风格建设，从而保存建筑风貌和空间肌理，使得徽派建筑文化和景观特色得以留存。

图 1-16　婺源油菜花田

图 1-17　婺源徽派建筑

◎ 西局:城市化的历史变迁——从"皇家磨玉局"到人民玉园 ◎

春季的油菜花、夏季的小桥流水、秋季的晒秋、冬季的雪景，婺源四季景观截然不同，拥有国家 4A 以上旅游景区高达 13 个，是国内拥有 AAAA 旅游景区数量最多的县市。

婺源文化的传承源远流长，文化展现形式与种类繁多。其中的古建筑群与徽剧、“三雕”、傩舞、歙砚制作技艺、茶文化等艺术文化包含着浓厚的历史底蕴与文化气息。

图 1-18　婺源古建筑群

而婺源独特的文化也成为吸引游客的核心和关键，步入 21 世纪后，婺源县相关部门举办了一系列旅游节及旅游交流会：国际旅游文化节、上海茶文化节婺源闭幕式、乡村文化节、茶文化节等，以节生财，以节造势，很好地将婺源旅游品牌推向了全国甚至全世界，极大地吸引了游客的眼球。依靠良好的旅游发展态势和优美的旅游资源，婺源也获得了一些殊荣，如《中国国家地理》及全国知名媒体将婺源评为“中国最美的乡村古镇”。

在此基础上，婺源县乘胜追击，相继举办了婺源美食节、婺源风情篝火晚会、民间彩灯巡演、婺源民俗风情展示周等一系列极具影响力的旅游活动，旅游市场上掀起一股婺源热风潮。婺源又获得了“中国十大踏青好去处之一”“中国十个赶紧要去的地方”等称号，游客及媒体都对婺源旅游赞誉有加。

三、畲（shē）族村：特色社区模式

增城区正果镇畲族村（图 1-19）是广州市唯一的少数民族行政村，坐落于正果镇东南部群山之中的远郊村，毗邻博罗县罗浮山。全村有 78 户，总人口 353 人，共有 3 个自然合作社，分别是吓水、榕树窿和通坑。

图 1-19 广东省畲族村

畲族是中华民族大家庭中较古老的民族之一，拥有悠久的历史和灿烂的文化。在畲族新社区打造过程中，畲族村是怎样传承畲族历史文化的呢？

第一，图腾蕴藏的深厚历史文化

房屋墙壁、路边雕塑、玻璃窗花……身处畲族村，人们能在各个角落发现有凤凰样式的图腾（图 1-20）。图腾名字叫作盘瓠图腾，始于原始社会，是后人为纪念始祖盘瓠而绘成。

在畲族的图腾崇拜中，盘瓠与凤凰是共存的，图腾蕴含的文化是畲族文化结晶，是组成整个畲族文化不可或缺的部分，而关于盘瓠的神话传说至今仍在畲族社会中广泛流传。祭祀始祖盘瓠的图腾礼仪、图腾标志、图腾文艺、图腾禁忌等，均反映了畲族图腾文化的特色。

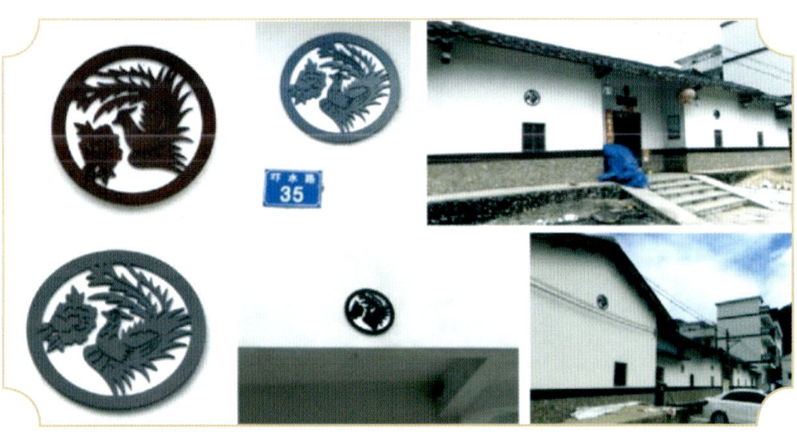

图 1-20　畲族村凤凰图腾

第二，正果畲族盘瓠王节

每年农历七月十四，是增城畲族村民一年里头最重要的盘瓠王节。村委组织会邀请惠州博罗、河源，甚至是江西的畲族兄弟前来吃饭，喝着酿米酒的同时把祖宗的文化和同族的友谊传承下去。正果镇畲族村盘瓠王节，还会表演《畲族敬酒舞》等富有畲族韵味的精彩节目。

该节日从村民定居在此一直延续至今。近年来，畲族村不断依托悠久独特的民俗文化和优美的自然风光，将文化传承、生态保护与经济发展相结合，吸引了无数游客前来游玩观赏，推动了畲族文化旅游融合发展。

第三，畲族的家族史——族谱

在中国传统社会中，族谱是一个家族的象征，一人荣，则一家荣，一族荣，一姓荣也。畲族的族谱记录盘、来、雷、蓝、钟五姓家族人的繁衍生息，族谱在当今能提高畲族凝聚力，增强畲族的民族自豪感。畲族族谱见证了祖先的辉煌，激励着一代代后人向祖先学习。目前，畲族的族谱正在申遗中。

第四，畲族兄弟村

广州增城的畲族村与惠州博罗县的畲族村交流密切，两地经常联合开展一些与畲族文化有关的活动，共同推动了畲族文化的传承和发展。同时，两地做到了文化上的求同存异，两个畲族村站在传承弘扬畲族文化的大前提下，积极共享传承畲族文化的资料，分享发展畲族文化的经验。

■ 实践活动 打造西局特色新社区方案研讨会

1. 活动目标

以小组为单位进行讨论，分析乌镇、婺源、畲族村在打造特色村镇中值得借鉴的部分，然后联系西局历史文化特征、西局当前实际情况，为打造西局特色新社区提出建议。

2. 活动步骤

（1）学生分组及小组分工

在教师组织下，将学生划分成不同的研究小组，每组 5~8 人。每个小组选择 1 名小组长，负责组织组内讨论、安排组员分工等；每个小组选择 1~2 名汇报员，负责汇总，并向教师和其他学生汇报组内研讨结果；其他组员为参与讨论者。

（2）选择分析对象

小组长代表小组选择一个分析对象（乌镇模式、婺源模式、畲族村模式三者选择一个即可），组织小组成员讨论下面两个问题。

Q1：乌镇 / 婺源 / 畲族村在打造特色村镇中有哪些值得借鉴之处?

Q2：这些值得借鉴之处能否应用于西局特色新社区打造中？如果可以，应该怎样应用?

（3）组织讨论

各小组在小组长组织下展开讨论，组内讨论时间为 10 min。

（4）汇总讨论结果

讨论结束后，各小组将讨论结果根据活动记录表提示进行总结记录，总结记录时间为 5 min。

表 1-3 畲族村模式研讨记录表

分析项目	畲族村模式 特色分析	是否可应用于 西局	应用方式
自然风光			
人文底蕴			
传统工艺 / 民俗活动			
节庆活动			

a. 畲族村模式特色分析：阅读学生用书“畲族村：特色社区模式”部分，分析畲族村在打造特色村落时是怎样充分发挥它的自然风光、人文底蕴、传统工艺 / 民俗活动、节庆活动等方面优势的，将分析结果填写在表格中。

b. 是否可应用于西局：结合西局现状，判断这种打造方式是否可应用于西局。

c. 应用方式：如果判断为“是”，则结合西局现状说明该怎样应用。

活动总结

同学们，“西局：城市化的历史变迁”到这里就接近尾声了，本课程分为两课时：第一节我们整体回顾了在大历史背景下西局村的起源、发展、演变过程，厘清西局是怎样从元代的皇家磨玉局演变为如今的西局社区；第二节，我们以小组合作讨论形式，分析乌镇、婺源、畲族村在打造特色村镇时的优势，并结合西局现实情况，为打造西局特色新社区提供建议。接下来，让我们以思维导图的形式进行总结回顾，请补充相关信息完善下面这张思维导图。

■ 西局玉璞园青少年社会实践活动手册 ■
第二章
玉璞
走进“元代皇家磨玉局“
中国玉文化与制玉工艺

第一节 中国玉文化

中国是世界上发现、开采、加工和利用玉（透闪石质）最早的国家，已有一万多年的历史。玉，尤其是白玉，在古人心目中是最美、最珍贵的。中华民族自古就有用玉、爱玉、佩玉、崇玉、藏玉的情怀。从新石器时代至今，中国的玉文化从未间断，在历史变迁中不断被赋予新的含义，发展至今，形成中国独有的玉文化。

一、美玉——石之美者为玉（约 8000 年前至约 5500 年前）

相信在初始阶段，古人并未把玉石完全分开，玉只是石中之美者，凡异于一般石材的美石均被当成玉来对待。玉器均为小件，有管、珠、玦、璜、坠，这个阶段的玉器以人身装饰件为主。

在远古时代，先民们对玉的崇拜更多地源于古人类对玉器工具的深厚感情。其中有光泽的白玉被他们视为心目中神圣的主宰者给予的馈赠品而小心收藏。在漫长的岁月中，他们又逐渐丰富了这种大自然赐予的崇拜物的内涵，中国玉文化最初的启蒙思想正源于此。在中国石器时代，玉一直被视为一种有着丰富灵性的自然崇拜物，作为古人类美化自身的装饰和一种逢凶化吉、避邪去灾的吉祥物。古人将玉奉为神物，极尽所能地创造美、欣赏美。仰韶文化遗址出土的和田白玉（夏商王室认可的帝王之玉），河姆渡文化出土的白玉璜、玉璧，以及兴隆文化遗迹发掘的白玉玦（图 2-1），彰显了古人类的智慧与一刻一磨的劳动结晶。

图 2-1 兴隆洼文化 - 玉玦

玦，环之不周也。玉玦是一种形如环而有缺口的玉器，在古代主要是被用作耳饰和配饰。

二、礼玉——玉作六器礼天地四方（约 5500 年前至商末）

这个阶段的玉材已被神化，被做成卜筮、祭祀、陪葬的礼器。与美玉阶段不同的是，这个阶段的古人对于软玉，亦即闪石类玉材，已有了明晰的辨别能力。与之相对应，随着玉雕技艺的提高和抽象思维、造型能力的拓展，这一时期的玉器无论是造型还是雕刻，都是我国史前玉器的一个高峰。

新石器时代晚期，玉器已超脱出原始的美感和装饰意义，逐步走上了与原始宗教、图腾崇拜相结合的道路，开始成为信仰、权力、地位的象征。红山文化出土的“C”形白玉龙（红山文化最典型的玉器品种，被誉为“天下第一龙”，图 2-2）和青白玉雕太阳神，在光素、简洁的形体中透露出一种威严和神圣。良渚文化中的青玉琮、玉璧反映了“天圆地方”的宇宙观，表现了先民们对神灵和祖先的敬仰。在盘古开天地、黄帝、尧舜禹时代，白玉以其珍贵、稀有、坚韧的特质，成为皇权、财富、尊贵的象征。商周、春秋时期，玉器与政治、宗教、伦理、道德、文化融为一体，“排列玉之形制，赋以阴阳思想而宗教化”“抽绎玉之属性，赋以哲学思想而道德化”“比玉之尺度，赋以爵位等级而政治化”；六瑞、六器、组佩与吉、凶、军、宾、嘉结合，以礼用玉、以玉节礼，出现了大量浮雕、圆雕人物、动物玉器，并以独特的结构、几何形纹饰、流畅的线条、准确生动的造型，使各种玉器赋予宗教与文化的意义（图 2-3 至图 2-8）。

图 2-2 新石器时代 - 红山文化 - 碧玉“C”形白玉龙

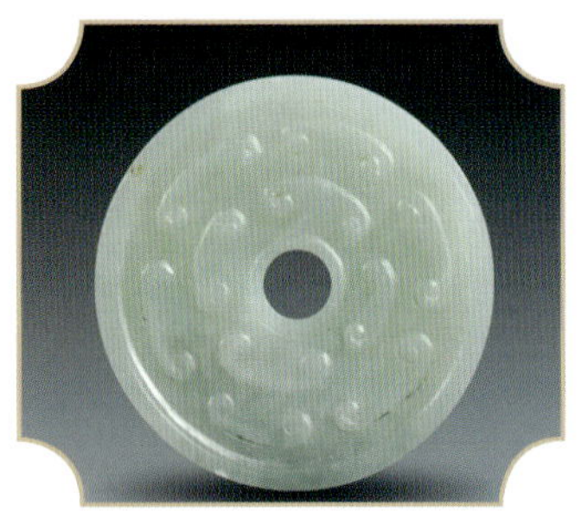

图 2-3　新石器 - 玉璧

玉璧：中央有穿孔的扁平状圆形玉器

图 2-4　新石器 - 玉琮

玉琮：一种内圆外方筒形玉器

图 2-5　战国 - 玉圭

玉圭：长条形，上尖下方，也作“珪”

图 2-6　玉璋

玉璋：和玉圭相似，一端呈叉形刃或斜刃，另一端有穿孔

图 2-7　商代 - 玉琥

玉琥：虎形玉器

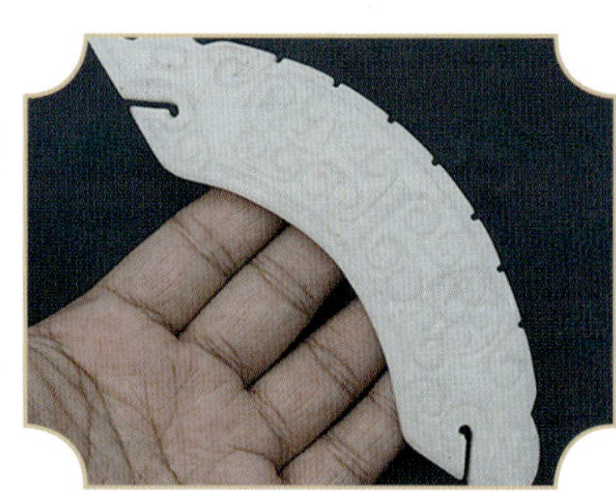

图 2-8　玉璜

玉璜：体扁薄，呈半圆形

六器与六瑞

根据《周礼》记载，周代以“苍璧、黄琮、青圭、赤璋、白琥、玄璜”六种玉器祭祀天地四方，谓之“六器”。以不同形制的四种圭和两种璧来代表等级尊卑和邦国领土，谓之“六瑞”。

《周礼·春官·大宗伯》

『以玉作六器，以礼天地四方：以苍璧礼天，以黄琮礼地，以青圭礼东方，以赤璋礼南方，以白琥礼西方，以玄璜礼北方。皆有牲币，各放其器之色。

以玉作六瑞，以等邦国：王执镇圭，公执桓圭，侯执信圭，伯执躬圭，子执榖［gǔ］璧，男执蒲璧。』

三、德玉——君子比德于玉（商末至西汉初）

这个时期是中华传统文化的形成阶段，也是中国古代玉文化核心内涵的形成阶段。由于青铜器大量出现，玉礼器的主导地位让位于铜礼器。虽然到战国时期，玉礼器仍然繁荣和发达，但西周时期形成、春秋时期正式登上历史舞台的士大夫阶层赋予了玉器“德”的内涵。自此以后，“君子”和“玉德”成为互相关联的两大内容。

春秋战国时期，以孔子为代表的儒家学说以玉比德，这位“大成至圣”的儒学先师在经典《礼记·聘义》一书中说：“夫昔者，君子比德于玉焉：温润而泽，仁也；缜密以栗，知也；廉而不刿，义也；垂之如坠，礼也；叩之，其声清越以长，其终诎然，乐也；瑕不掩瑜，瑜不掩瑕，忠也；孚尹旁达，信也；气如白虹，天也；精神见于山川，地也；圭璋特达，德也；天下莫不贵者，道也。”玉的温润、致密、柔和、坚忍、正义、光洁、谦和、清越绵长、表里一致、瑕不掩瑜、气如白虹等一系列特征代表了君子的仁、知、义、礼、乐、忠、信、德、道等完美品行，概括了“君子比德于玉”的思想，把德和玉结为一体，将玉与君子结缘。物质、社会、精神三合一的独特的玉意识，成为中国玉文化的丰富思想和精神内涵。孔子将玉人格化、神圣化，强调佩玉的本质不只是表现外在美，而要表现人的自我修养和精神世界，用玉来表现君子的才识渊博，洁身自好，温文尔雅，谦恭有礼。以玉修身示德，要求君子无故，玉不去身。

四、吉玉——事生事死用玉（西汉初期至魏晋南北朝）

这个阶段的方术文化一度普遍流行，在此背景下，西汉不只出现统治者深信可保尸体不腐的玉衣，还出现了一系列辟邪趋吉的器物，典型的有刚卯、严卯、司南佩、翁仲、四灵压胜等。从此，玉具有辟邪保吉的功能成为民众共识。

汉代崇尚玄学、道教，皇权贵族祈求长生不老，渴望得道成仙。汉代玉器采用写实与夸张的创作方法，将人们想象中富有浪漫色彩的仙人生活与现实中有生活气息的人间世界有机地结合在一起，创造了一批精美绝伦、气势非凡、神奇瑰丽、富有梦幻色彩的艺术佳品。在玉器的造型上，采用粗犷豪放、高度概括、舍弃细节的手法，把握对象的神韵气势，注重整体效果。

道教是思想、教旨、文化都源于中华本土的民间宗教，具有鲜明的民族特点。从东汉末年初步形成，南北朝时期已发展成为能与儒、佛教抗衡的重要宗教流派。道教使中国玉文化在儒家礼玉制度逐渐衰落（东汉帝国的崩溃）的背景下能顽强地延续下去，到魏晋南北朝时期成为中国玉文化的主要传承载体。以玉的方式表现为人自身的修炼和长生，生前食玉是为了“生”，死后葬玉也是为了“生”。道教“养生”“贵生”“不死”“长生”的思想与玉器联系在一起；为躯体不腐、灵魂不灭，用玉制作了大量的口塞、鼻塞、玉琀、握玉、金缕玉衣（图 2-9）、银缕玉衣等大量的丧葬玉器。

图 2-9 西汉 - 金缕玉衣

五、民玉——从礼到用、从王至民（隋唐至宋元时期）

这一时期有两个特点：一是玉器从之前只有世家大族或官员才可以使用佩戴的专用物品，逐渐走向民间，成为有钱即可拥有，也可买卖的物品；二是玉器的功能逐渐生活化、世俗化。

唐代是中国玉文化、玉器极为重要的转折时期，摆脱了上古玉器以“礼”为中心和以丧葬玉为主的传统，开创了以实用玉器为中心的新时代，为其后一千多年玉器的发展奠定了良好的基础。唐代玉器玉料精美，数量丰富，种类多样，工艺细腻、精湛，内涵丰富。玉带是最具代表性的玉器，使用者受身份等级制约。《唐实录》亦有“天子以玉，诸侯、王、公、卿、将相之带，二品以上许用玉带。天子二十四銙，龙文、万寿、洪福等雕文之带，唯天子方得使用。”唐代玉器以其卓越超凡的品质在中国悠久的玉文化历史画卷中占有光辉灿烂的一页。

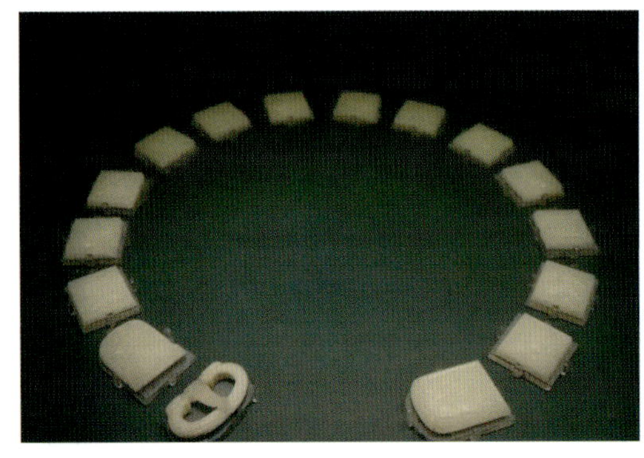

图 2-10　唐代 - 白玉带銙

图 2-11　五代时期 - 云龙纹玉带銙

宋代玉器纹饰综合发展，各种深浅浮雕、圆雕、镂雕均有特色，其中平浅刻和镂空技艺空前高超，具有鲜明的特点。玉带板的正面、背面纹饰以多层次、复杂又工整的镂空纹饰表现出来。

元代玉器除陈设用品愈见功夫外，当时的玉雕艺人已经在雄浑天然的子玉上动脑筋。《渎山大玉海》是中国玉文化中第一个山子玉佳作（图 2-12），采用了深浅浮雕技法，黑绿白变织纹路，展现了怪兽和海水的完整画面，气势磅礴，风格浑厚，显示出较高的工艺水平。

图 2-12　元 - 渎山大玉海（北海团城）

六、福玉——图必有意，意必吉祥（明清时期）

自宋代以后，玉器的功能逐渐走向世俗化。到明清时期，玉器的设计和造型主题基本可以用“有图必有意，有意必吉祥”来总结，有“连升三戟”“平安无事”“多子多福”“五福献寿”等，祈福、祝福的主题成为主流并流传到今天。

明代玉器内容繁多，寓意丰富，构思巧妙，技艺精湛。清代的康乾盛世是中国传统玉文化、玉器制作发展的巅峰，其玉器具有淳朴、简古、精工、细致的典雅风格，尤以山子玉器为世人瞩目。气势恢弘、重达 5 吨的大型和田青玉雕《大禹治水》（图 2-13）是中国玉雕的稀世珍宝，它和《桐荫仕女》（图 2-14）是清代玉器的杰作、我国玉器业发展的丰碑。

图 2-13 清 - 大禹治水图玉山

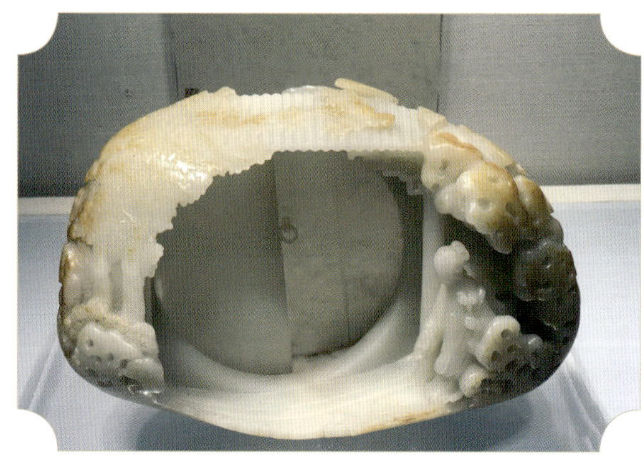

图 2-14 桐荫仕女玉山

中华民国初期，民间玩玉、赏玉之风盛行，玉器纹样造型基本沿用明清风格，大多以改用、仿古为主，设计简单，工艺精致。

新中国成立后，玉器制造业随着我国计划经济的发展而发展，受到国家的高度重视，产业上形成了以北京为中心的北派和以上海、扬州为中心的南派。北派玉器善用俏色，技艺精湛，有宫廷玉器华贵、简古、细致的特点；南派玉器典雅、圆润、秀丽、精工，尤以大型玉器山子雕为特征。

改革开放后，我国玉器生产出现了空前的繁荣。在发展传统玉文化、将举世闻名的中国玉雕玉器产品融入世界经济的大潮中，近几年来相继诞生了《金玉九龙壁》《岱岳奇观》《武当朝圣》《金玉大水法》《四大灵山》《盛唐风韵》《九七香港回归》等一批工艺卓越、价值连城的旷世珍品。

■ 中国玉文化时间图轴

1. 活动目标

认识不同时期常见古玉器型，了解不同时代赋予玉的文化内涵。

2. 活动材料

制作“中国玉文化时间轴”一份（图 2-15）。

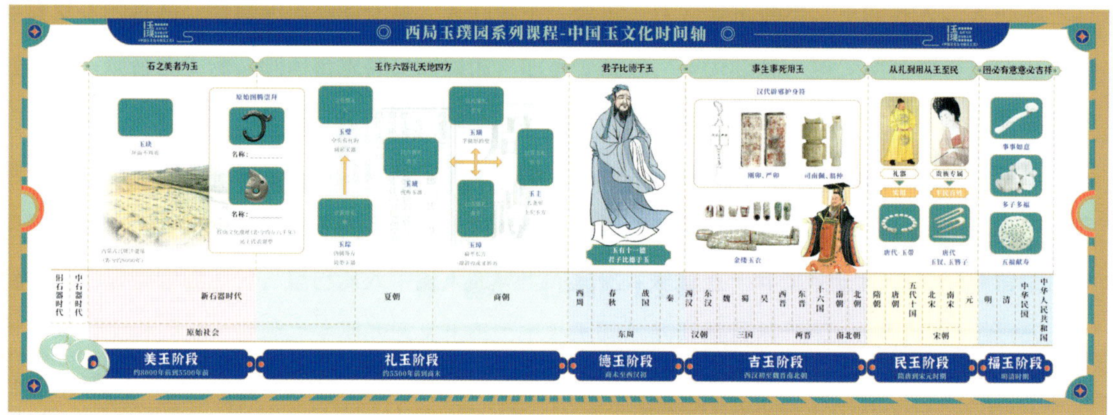

图 2-15 中国玉文化时间轴

3. 活动步骤

贴图：请你根据玉器名称找出相应的玉器器型，贴在对应的位置（图 2-16）。

4. 活动小结

结合图轴说一说不同时代赋予了玉哪些文化内涵。

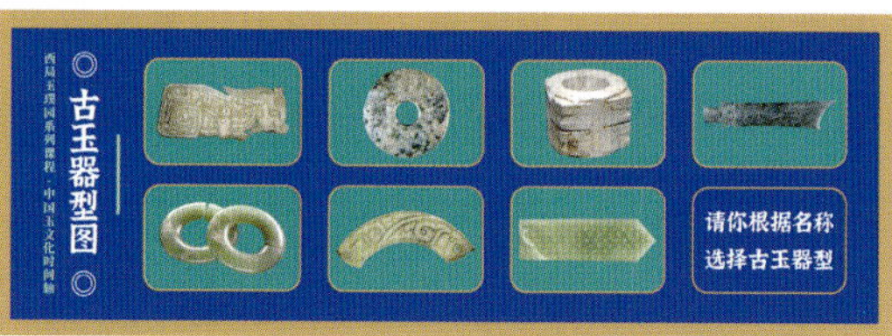

图 2-16 古玉器型图

第二节 玉器制作工艺

玉璞指的是未经雕琢玉石的意思。西局玉璞园的名字由来是因为这里曾经是元代皇家磨玉局。元代建立之初，朝廷从全国招募能工巧匠为皇家制玉、磨玉，并于距南城彰义门外一千米处成立磨玉局，碾玉工匠携家带口聚居在这里，形成自然村落。

玉的制作工艺是玉文化的重要组成部分。从古代制玉工艺的传承发展，再到现代制玉工艺的创新发展，中国的玉器制造工艺可谓博大精深。从古至今玉器加工工艺是怎样一步步进化的？传统的玉器加工工艺流程又如何？让我们带着问题来了解古今玉器加工及传统工艺流程。

一、玉器加工工艺

1. 古代玉器加工工艺

中国玉器的加工，可以追溯到新石器时代的红山文化，当时人们还未掌握金属冶炼技术，玉石的加工主要是以石攻石，利用锐石打凿、刻玉、划线、磨玉成形，所谓**“他山之石可以攻玉”**。

词语由来：“他山之石可以攻玉”

玉石的硬度极高，达到 6.5 度，而一般的金属器具都达不到玉石的硬度，想要加工玉石就需要寻找比玉石硬度更高的石材。在自然界的河流冲刷中，沙子中含有硬度极高的石英砂，硬度超过玉石，是玉器加工的关键。

玉工艺开始孕育于石工艺之中。如果说玉、石分化是从旧石器时代人们选择石器原料时开始，那么制玉工艺与石器工艺的分化应从新石器时代磨制石器开始。磨制工艺：是把石器表面磨光磨出刃锋，并把石材磨制成形，这在石器制作上是一项进步，如图 2-17 至图 2-21 所示。磨制石器的工艺过程是：1. 切割。先将石材打制或切割成一定形状的粗坯，在扁平的石材上加沙蘸水，用木片压擦，从两面切成沟状，然后截断，往往留截断痕不加磨刮。2. 研磨。放在大的砥石上加以蘸水砂研磨，至制成光滑规整的石器。3. 钻孔。用石钻、骨锥、木杆或竹管加砂蘸水，在石器的上部磨透打钻，或上述两种方法兼用。总之，磨制石器工艺是由切割、打磨、钻孔三种工艺完成的，

图 2-17 新石器时代晚期玉料上的线切割痕

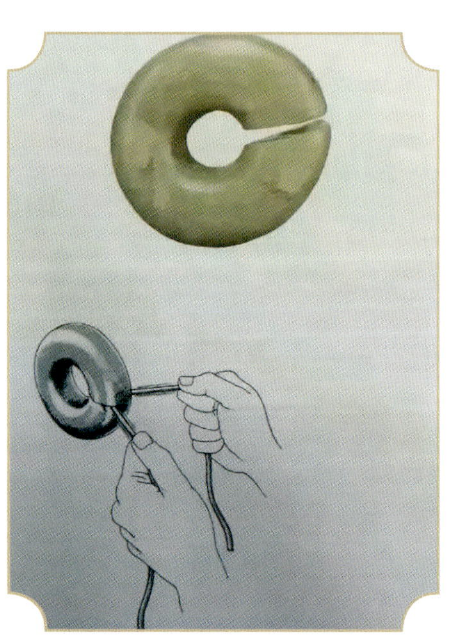

图 2-18 线具切割示意图

这三种工艺完全被早期制玉工艺承袭下来，可以说这一时期的磨玉工艺就是磨石工艺。

总的来说，玉石早期的加工工艺是利用硬度大的岩石制成的“解玉砂”来琢玉，利用石器、兽牙、木杆、骨片、绳线、皮革配合解玉砂进行钻、锯、磨，使玉材成形。

图 2-19 金属片状工具（切割）

图 2-20 管具（空心打孔）

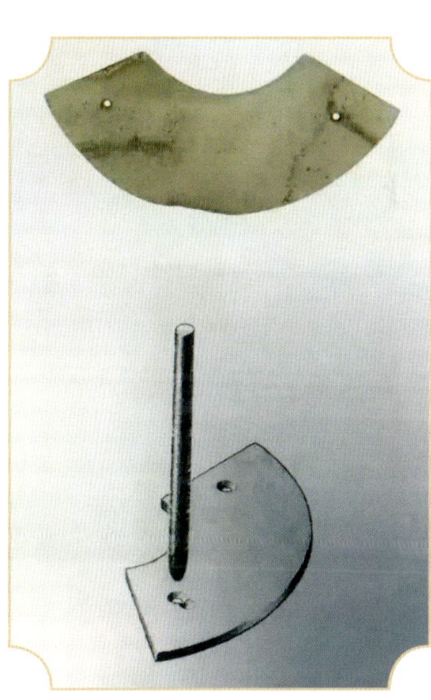

图 2-21 桯具（实心打孔）

拓展：古代常见的蹄形器、玉璧、玉琮的制作工序（图 2-22 至图 2-24）

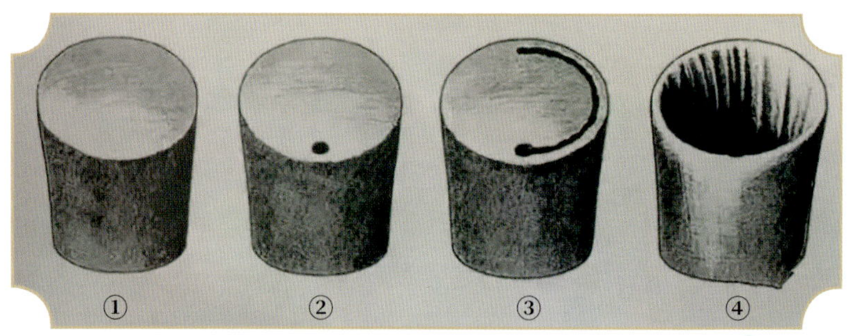

图 2-22 蹄形器：蹄形器：①切磨外廓②桯具打孔③线具去料④修磨成形

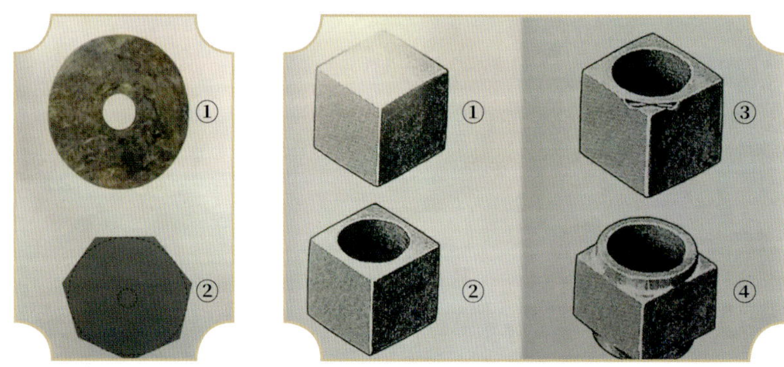

图 2-23 玉璧：①管具钻孔②砣具切割

图 2-24 玉琮：①切磨外形②管具钻孔取芯③砣具去角成圆④成形玉琮

词语解释：砣（tuó）是旋转使用的圆形雕刻工具，材质可以是钢、铁、铜、木、皮革等。

那么到何时制玉工艺才能从制石器工艺中彻底分化出来呢？标志在于砣机的发明和应用。这是一种新式工具，而不是某种工艺方法的改进，它给制玉工艺带来了一场革命。砣机既是制玉工艺的关键设备，也是推动玉器工艺从石器工艺中彻底分离的真正动力，以及玉工艺走向独立手工业的标志。

原始砣很可能始于良渚文化时期。人们用手拉弓弦（后用脚蹬）使砣轮转动，砣轮用石材制成，做成不同的砣头配合解玉砂进行琢玉。商代有了铜，铜制砣轮强度不大，自身容易磨损，做出的沟线浅而宽，断面多呈半圆形。西周末、春秋初有了铁，铁砣坚硬，能够做得薄而锐，提高了加工精度。可以刻出细细的线条，深深的沟。铁砣一直使用到中华民国初期。中华民国后期到20 世纪 70 年代，有些地方仍有用铁砣解玉砂琢玉的作坊，这种加工玉器的方法俗称为老工。

砣机即磨玉机，清人称“水凳”，明人称“琢玉机”，工人称“砣子”“铊子”，如图 2-25 和图 2-26 所示，古代记载甚少。我们研究砣机的一种权宜办法是由今及古，逆流溯源，虽然不易到达源头，但可以瞻望到它的踪影，隐约听到它的瑟瑟琢磨声。

图 2-25 明清时期的制玉机器——砣机（俗名“水凳”）

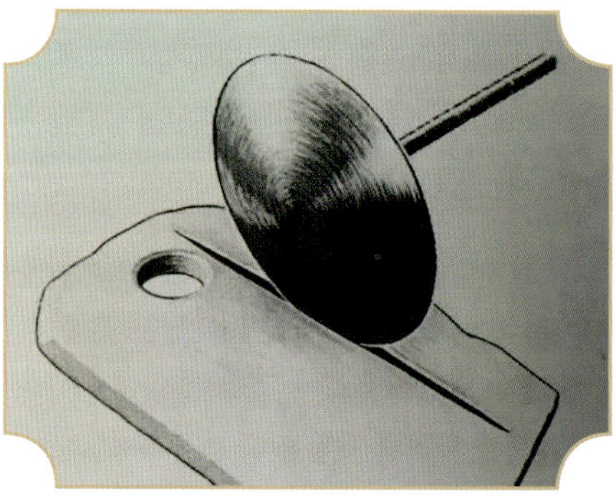

图 2-26 砣具切割示意图

关于清代砣机，现在我们能够见到比较完整的图像资料则是《玉作图说》，李澄渊于1891年（光绪十七年）应英国医师卜君要求而作。他“历观玉琢琢磨各式绘以成图（《玉作图》序）”。也就是经过现场调查完成了写生，尽量如实地加以反映当时的玉琢情况，所以此图是可信的。此图册名为《玉作图说》，共十二开，十三图，每图附文字说明，可以说是玉作的连环书，是继《陶冶图》之后出现的又一部纪实的工艺图书，不仅描绘了玉匠劳动操作的场面，还将重要工具名称都一一注明。中间是书画，左右两侧有竖栏各三行，首行书写编号和题名。书写“说”文楷体工整，描述通俗易懂。《玉作图说》的图文通俗易懂，不必解释，但尚需说明。我们通过李澄渊的《玉作图说》不仅可以了解清末北京玉作的主要设备及其基本工艺，还可窥探清代玉工如何操纵水凳。这种碾机是经过历代玉匠无数次改进而达到了它的最佳境界，是第一流的古代碾玉设备，可称为一人操作足踏高腿桌式砣机，亦称“高凳”或“水凳”（图2-27）。

图2-27 《玉作图说》中的“水凳”

2. 现代玉器加工

20 世纪 80 年代后几乎全部使用高速电动机具和用人造金刚砂制成的磨具砣。现代的砣机有两种：第一种是电动铁砣机，其砣子是用钻石粉制成的，故称砂砣，转速 10~5 000 r/min；第二种是蛇皮钻，类似牙医的修牙机，其转速更快，达 3 000~20 000 r/min。

现代磨玉机——砣机，不用蘸水砂，只用细流水即可，较方便。这样，现代玉器加工，电动工具和砂轮磨砣便一统天下，这就是新工。老工、新工的不同，源于所用工具、磨具的不同，以及这些工具的转速、效能、精确程度所产生的各种现象和留下的不同痕迹。

二、玉器加工工艺流程

制玉领域最大的变化是制玉工具的进步。过去靠双脚不断地蹬踏制造动力，现在换成了电动马达，过去切磨工具一分钟转几百转，现在一分钟能转上万转。手工制玉虽更温润，但其费时费力。

故宫博物院玉器馆有一套《制玉图》，是清光绪十七年李澄渊所绘《玉作图说》，画册共含十二幅彩绘图，记录描绘了传统制玉的主要步骤：捣沙、研浆、开玉、扎碢、冲碢、磨碢、掏堂、上花、打钻、透花、打眼、木碢、皮碢。每图分上下两部分。上部描绘出制玉的手法，下部描绘出此手法所使用的工具。

注解：“碢”（tuó）古同“砣”。

1. 捣沙和研浆（图 2-28）

图 2-28 捣沙和研浆

站着的玉工拿着杵，要把石臼里的石沙敲得更细碎。另一位玉工坐在凳子上，面前放了一个大铁锅，他正在抄沙子：将捣碎的沙子放在铁锅里加上水，一边用棍子搅浑，一边敲击铁锅边缘，让更重的粗颗粒沙子沉底，找准时机，另一只手赶紧抄起来，这样不断重复，就能分选出不同粒径的沙子，泡上水就可以使用了。筛选出不同硬度和不同粒径的沙子，分别用于粗加工和细加工的不同步骤之中。

经过捣沙和研浆的程序，就可以得到颗粒均匀的石沙。这些沙是用来解剖玉璞、琢磨玉器的，所以叫作“解玉沙”“磨玉沙”。

2. 开玉（图 2-29）

图 2-29 开玉

还没雕琢的玉料叫作“玉璞”。它的表面常常包裹了一些粗松的石头。开玉，就是把玉璞表面其他的石头削掉。

在这张图里，有两个玉工坐在大树下的凳子上，两人之间用木架架起了一个大玉璞。他们拿着“大法条锯”的一端，你来我往地拉着这个条锯。条锯只有一条钢丝，主要用于切割玉璞。钢丝是割不动玉的，所以在树上挂着一个茶壶，壶底有洞，壶里装的是黑石沙和水。混着黑石沙的水滴，一滴一滴地滴下来，滴到玉璞上，增加了“大法条锯”的锋利度。经过这样来回的摩擦和切割，才能把玉皮子切掉。

3. 扎碢（图 2-30）

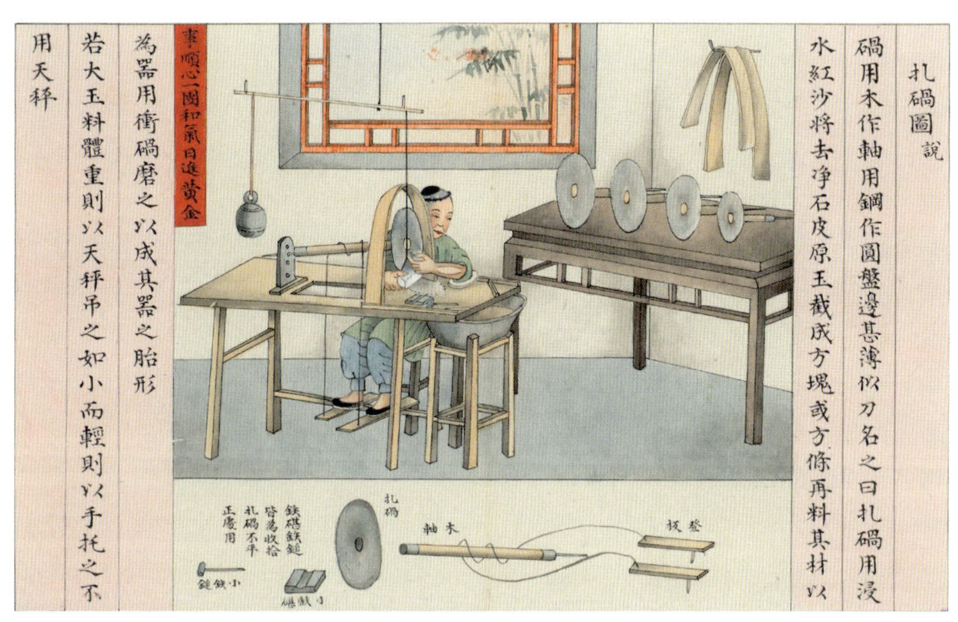

图 2-30 扎碢

扎碢，即是应用碢具解玉成方块或方条，经过设计、画样后，大片裁去多余玉料使玉器初具雏形。

玉工坐在旋车前，旋车上架着的工具，构造颇复杂。这组工具适用长木棍（又叫木轴）的一端，装上圆形的钢盘，这个钢盘就叫作“扎碢”。钢盘的周缘很薄，像刀口一样非常锋利。木轴上缠绕着两根绳子，绳子下端各系一片木板。这两片木板叫作“登板”（同“蹬板”，下同）。

操作的时候，玉工的两只脚轮番踏着登板，靠麻绳牵动木轴旋转。玉工用左手托拿着玉料，抵住正在旋转的钢盘的刃边。桌子的一端放着一个盛了水和红沙的盆子，玉工就用右手去舀沙，浇在玉料上。坚硬的解玉沙，配上旋转而锋利的扎边刃，才能把玉料切成方块或方条。

4. 冲砣（图 2-31）

图 2-31　冲砣

应用“冲砣”这种工具，把方块或方条的玉料上方方硬硬的转角部分“冲”成圆。

这个步骤也是坐在旋车上完成的，用一段厚竹枝外面绕着厚钢圈（又叫作冲砣），配着和了水的红沙，渐渐冲去玉块上的方角。经过这个步骤，要雕琢的作品也大致成形了。

5. 磨碢（图 2-32）

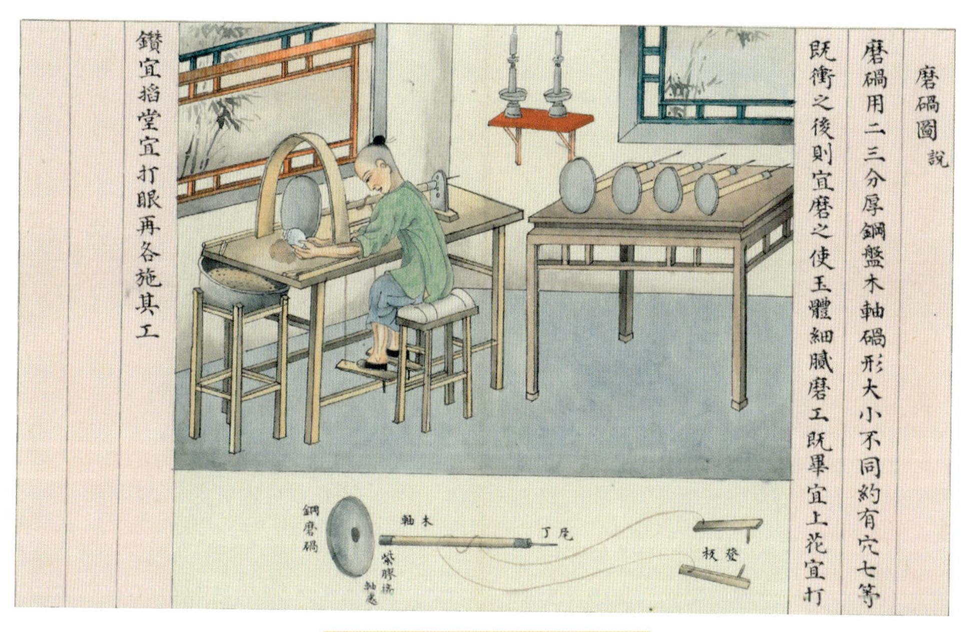

图 2-32 磨碢

应用“磨碢”磨细玉器的外表。所用的工具和第三步的“扎碢”有些类似。但扎碢是薄而锐利的，而磨碢厚约二、三分（0.6~0.9 cm）。能够把玉的外表磨得细腻，使玉发出温润的光泽。

6. 掏堂（图 2-33）

图 2-33　掏堂

掏堂，即挖空容器的内部。首先，用钢卷筒旋进玉器的中央，经过这道工序，玉器的中央会呈现一根圆柱，称作“玉梃”。

此时就得由经验最丰富的师傅振锤取出玉梃，假如力道不对，不是玉梃取不出来，便是整件玉器碎裂。接着，再以弯形的扁状锥头渐渐揣摩，掏空玉器的内膛。

7. 上花（图 2-34）

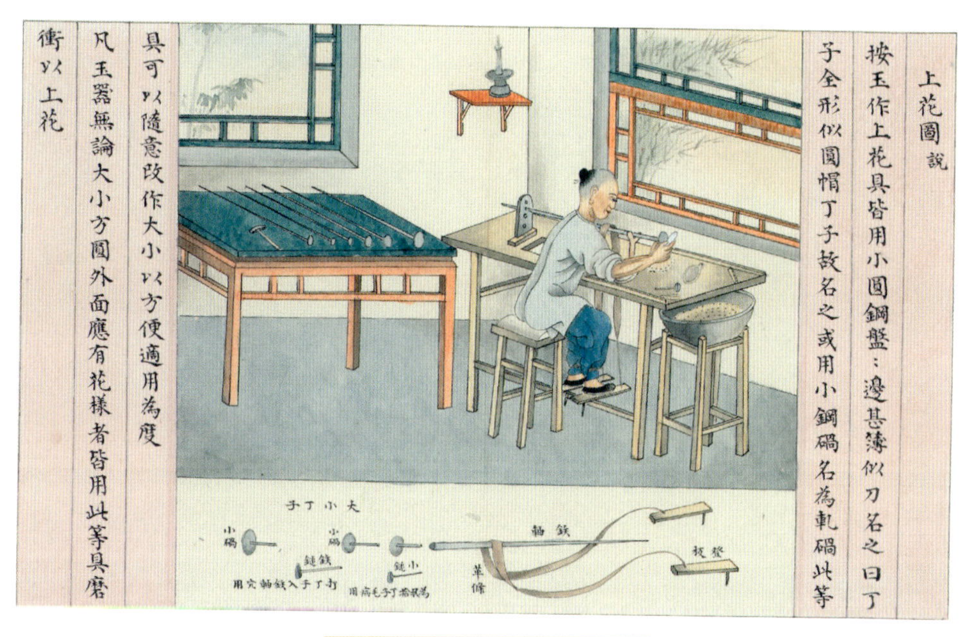

图 2-34　上花

上花，也就是以小型的轧碢（又称丁子），在玉器的外表磨琢花纹。

不同的轧碢方式会留下不同的线条。例如，中厚缘锐的碢具所琢碾出的线条往往端部较窄浅，中段较宽深。新石器时代红山文化玉器的线条就有这种情形，因此有人推测，距今五六千年前的红山文化已经开始使用碢具琢碾玉器。

现代玉器上花，是以牙医所运用的钻针相似。发动机带动并配合活动的软管，因而移动相当灵敏、随意。

8. 打钻（图 2-35）

图 2-35 打钻

这是关于一些要雕琢镂空花纹的玉器所做的一个重要步骤。打钻的工具主要是弯弓和轧杆，轧杆底端镶有金刚钻。

玉工坐在桌子的一端，用左手握着玉器，抵在轧杆下端金钢钻的下面，右手来回拉动弯弓，弯弓会带动轧杆一来一回地旋转，杆尖所嵌的金刚钻就能够把玉钻出一个圆洞了。

战国至西汉的玉工，非常擅长应用钻圆洞的技法，营造线条丰满的效果。

9. 透花（图 2-36）

图 2-36 透花

透花，也就是镂空花纹，以“搜弓”为主要工具。

操作时，先把搜弓上的钢丝解开一端，穿透这个圆洞，再绑好。玉工的右手握着搜弓，一来一回拉动着，钢丝上加浸了水的石沙，就能依照玉片上画的线条切割了。由于普通书写作画的墨汁会被墨水冲洗掉，所以玉工用石榴皮的汁来勾勒出要透雕的图案。和了水的解玉沙，配合钢丝在玉片上来回割锯时，图案仍清楚分明，不会被水洗掉。

距今 4200 至 5300 年的良渚文化，已呈现以拉线透花的玉器，发展至清代镂雕玉器薄而细，到达技法的巅峰。

12. 皮碢（图 2-39）

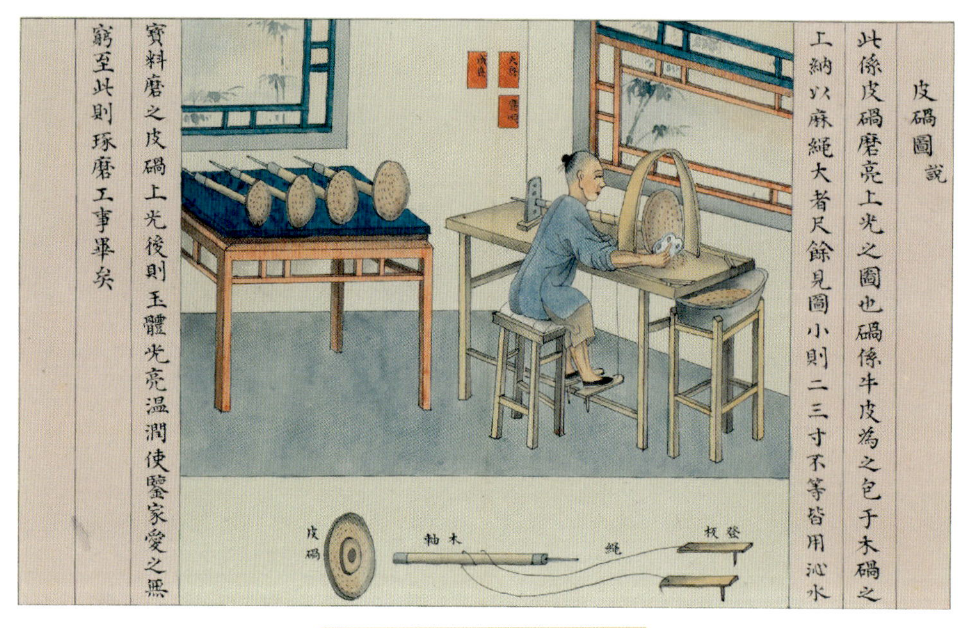

图 2-39 皮碢

皮碢是牛皮制成的，是玉器的最后工序，即抛光上亮用，详细呈现玉色。

古时的砣碾不像砂轮那样可为所欲为。观察各时期的做工，其实碾玉之法，源自远古人对石器加工经历的长期积聚，原始水凳的应用开端了砣碾玉器。用砣加带水的解玉沙碾玉，其难度超乎想象——基本看不见要砣的位置，全凭手感，靠不上碾不到，稍用力靠则可能损坏砣轮或令它停下。这种技法对手 / 臂以至全身的控制极为严格，要经过长期的特定锻炼才可能初步具备。

学习测查

挡板的作用：

碣具的作用：

水桶的作用：

登板的作用：

■ 实践活动：玉作图·古代玉器加工工艺流程卡

1. 活动目标

通过“玉作图——古代玉器加工工艺流程卡”了解制玉工艺步骤。

2. 活动材料

制作“玉作图——古代玉器加工工艺流程卡”（图 2-40）。

图 2-40 玉作图——古代玉器加工工艺流程卡

3. 活动步骤

请你阅读卡片，提炼出每一步骤的要点。

要制作一块暗纹玉璧需要哪些步骤？请你使用“玉作图——古代玉器加工工艺流程卡”说一说。

■ 实践活动：西局玉璞园玉文化元素调查与再设计

1. 活动目标

调查西局玉璞园的玉文化元素设计应用现状，并发挥想象力，对公园玉文化元素再设计提出新想法。

2. 活动材料

调查表。

3. 活动步骤

学习了中国玉文化与玉制作工艺，你已经对玉文化有了一定的了解。请将你调查的西局玉璞园现有的玉文化元素填入表 2-2 中。

表 2-2 玉元素调查表

序号	玉文化元素	地点	评价

同学们，本节课到这里就接近尾声了。在本次课程中，你都学习到了哪些新知识？让我们以思维导图的形式进行总结回顾，请补充相关信息，完善下面这张思维导图。

磨玉局：中国玉文化与制玉工艺

中国玉文化渊源流长，分为 6 个阶段。

________阶段：石之美者为玉

________阶段：玉作六器礼天地四方

________阶段：君子比德于玉

________阶段：事生事死用玉

________阶段：从礼到用，从王至民

________阶段：图必有意，意必吉祥

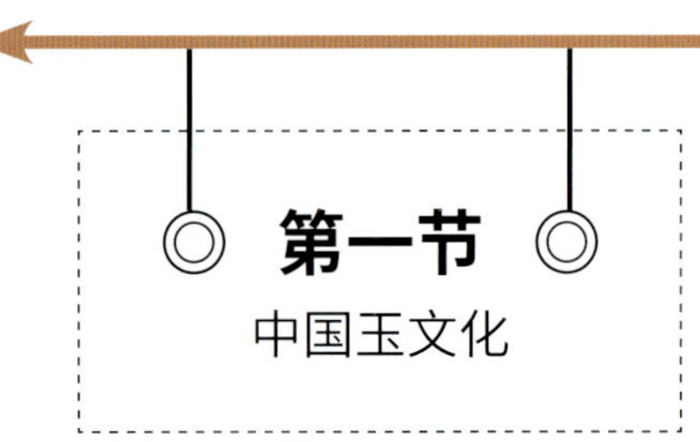

第二节 古代玉器加工工艺流程

捣沙和研浆：通过捣沙和研浆制备出不同硬度和粒径的______

开玉：用条锯切去________表面的其他石头

扎碣：用扎碣切出玉器的________

冲碣：用冲碣将玉器的边角________，使得玉器大致成形

磨碣：用磨碣将玉表面________

掏堂：用钢卷筒 / 弯子挖空________________

上花：用丁子在玉器的外表________________

打钻：用金刚钻配合着弯弓、轧杆把玉________________

透花：用搜弓透过洞在玉器上做________________

打眼：用金刚钻配合绷弓在玉器上________

木碣：用木碣把玉器________________

皮碣：用皮碣给玉器________

课程感悟

工业革命带来对量的追求，满足着人们无限放大的物欲，生产方式的改变使得旧式手工艺离我们的生活越来越远。当下的我们不禁要问，寻找手工艺传统文化的价值何在？中国玉文化传承万年，希望你能通过今天的课程认识它。了解自己祖先的历史传统，才能更好认识自己，认识世界。

在今天的“磨玉局——中国玉文化与制玉工艺”课程中，你有哪些感悟呢？

西局玉璞园青少年社会实践活动手册
第三章
园林
打造特色
城市园林
蓝晒工艺探究

第一节 认识蓝晒工艺

在发明数码照相机之前，人们如果在公园、野外发现一片特殊的叶子，会用什么方式给叶子“照相”呢？可能是素描，可能是制作成标本，也可能是蓝晒工艺。蓝晒工艺属于古典摄影技术之一，让我们一起认识它吧！

一、古典摄影工艺

古典摄影工艺（photographic alternative processes），主要是指现代银盐技术和数码科技出现之前所用于摄影创作的拍摄手段及非银盐转印工艺。这些技法大多数需要经过自己配制化学药品、涂抹感光剂等一些复杂的工序，并可以成像于多种材质的表面，从而得到与众不同的成像效果（图 3-1）。

图 3-1 古典摄影工艺操作过程

二、 蓝晒工艺流程

蓝晒法（cyanotype）由英国约翰·赫谢尔爵士发明于 1841—1842 年，它发明至今已有 170 多年的历史。1839—1842 年，赫谢尔做了上百个独立的实验来研究银盐、金属、植物的光敏特性，先于蓝晒法，他便发明了奇妙而有趣的花汁印相法。赫谢尔爵士钟情于科学实验，有时仅仅是为了实验本身，而不是出于实用化的目的。在一次实验中，他记录道：给纸涂上柠檬酸铁铵溶液，并在正的图像下曝光，然后用氰亚铁酸钾溶液显影，最终得到了蓝色的负片。这便是蓝晒法的雏形。

蓝晒法操作相对简易，可控性强，是学习古典工艺的入门技法。蓝晒工艺作品的最显著特征为其画面呈现普鲁士蓝色调，层次细腻、细节丰富，不仅画面表现力很强，而且可以附着在多种材料之上，适用于制作高品质的影像作品，也可以加入各种手法，制作实验性的艺术作品（图 3-2）。每一张蓝晒法制作的图像都是独一无二的，下一张永远不会与上一张重复。因为在制作过程中，涂布药液的介质、涂布的方法力度、曝光时间、显影时间都充满了变化，每一次的结果都会是意想不到的。

图 3-2 蓝晒作品

蓝晒法需要的两种化学药品，柠檬酸铁铵和铁氰化钾经过一定比例的配制，最终它们的混合溶液就是蓝晒工艺的决定性元素。蓝晒法的科学原理主要是柠檬酸铁铵和铁氰化钾两种混合溶液通过阳光紫外线的

曝光，最终经过水洗而产生铁氰化亚铁的蓝色沉淀。蓝晒摄影中的具体蓝色成像是紫外线透过负片中的透明部分经过光化学反应而生成的相应图形，负片图像的丰富层次能很好地控制相纸的细节，从而产生蓝色调的丰富层次的相片。

蓝晒工艺流程是怎样的?

第一步，溶液配制：用天平称取 20 g 柠檬酸铁铵试剂，加入 50 mL 水，用搅拌棒搅拌使其充分溶解，用水稀释至 100 mL 备用；称取 8 g 铁氰化钾试剂，加入 50 mL 水，用搅拌棒搅拌使其充分溶解，用水稀释至 100 mL 备用。

第二步，制作相纸：由于感光剂的曝光靠的是紫外光，所以这个过程需要全程处在昏暗光线条件下，尽量避光。将相纸裁剪成需要的大小后，用美纹纸胶带将其四周粘贴在硬纸板上。在制作相纸时，需要保持手和纸张的干燥，并将纸铺平，用刷子蘸取混合好的感光剂溶液，均匀涂抹到纸上。 刷相纸的时候注重方法和技巧，不需要反复涂抹，反而对成品显影有影响。正确的涂抹方法可以先纵向涂抹，再横向涂抹，把溶液均匀涂抹在纸上，不要留下明显的重色块即可。做好的相纸需要自然风干，注意避光保存，主要是避开紫外线，制备好的相纸应该是偏黄绿色，使用前需要检查，如果相纸变深或者变暗，将晒不出理想的蓝色。

第三步，装片：采集不同的植物叶片，或利用各种小物件拼出一幅图案，将构思好的图案摆放于晾干的相纸上，摆放好。

第四步，曝光：曝光主要是利用阳光或者灯光中的紫外线部分，感光药剂主要是靠紫外光曝光发生反应。图像中的蓝色是柠檬酸铁铵和铁氰化钾的混合溶液中的二价铁离子光照后被氧化的结果，生成了非常独特的普鲁士蓝色调的三价氰铁盐。曝光有一定的时间要求，拿到室外自然光下进行曝光，曝光时间视紫外线强度及需求而定（夏季晴天大约 6 min）。

第五步，水洗：图像的蓝色并不是在曝光后就显现出来，而是需要经过水洗之后，蓝色图像才会慢慢出现，这是一个非常神奇的过程。曝光结束后，拿回室内，取下水彩纸上摆放的叶片等，轻轻撕去纸胶带，将水彩纸从硬纸板上取下，在水中进行漂洗。为了追求显影的效果，可以在水洗时加入一些弱酸，如果冲洗下来的流水已经是清澈的而不带有黄色。这个步骤就已完成，蓝色显现出来。水洗时间视期望曝光效果而定。

第六步，晾干：水洗后，需要把冲好的照片贴在一张平整的硬板上，让相纸保持平整状态，否则，纸会因为吸水而变形，导致图像的最后呈现不完美。自然风干的过程也是氧化的过程，氧化后的照片细节会变得更丰富。

◎ 园林:打造特色城市园林——蓝晒工艺探究 ◎

学习测查

1. 填空题：蓝晒工艺发明时间是 1841—1842 年，距今已经有 170 多年的历史，蓝晒工艺的发明人是________________。

2. 填空题：请回顾总结蓝晒工艺流程，完成下面的填空题。

步骤	说明
溶液配制	此步骤需要两种试剂，这两种试剂分别是_______、_______。
制作相纸	将混合试剂涂抹在相纸上，涂抹方法是__________________。
装片	采集不同植物叶片，拼出一幅富有创意的图案放在晾干的相纸上。
曝光	将相片置于阳光下曝光，混合试剂在_______作用下发生反应生成蓝色物质。
水洗	曝光结束后将叶片拿掉，放在清水中冲洗。
晾干	将冲洗好的照片自然风干即可得到蓝晒图。

三、 蓝晒工艺价值

蓝晒自发展以来一直以摄影创作为主，而少有文化产品的设计。近年来，人们对蓝晒艺术创作的关注增多，相应的，蓝晒相关的产品设计也开始出现。时下的蓝晒法爱好者乐于挖掘蓝晒法的魅力，让蓝晒法与丝网印刷结合起来。这两种同是手工的制作，结合起来更是显得如鱼得水，毫无违和感。例如，1990 年，约翰·伍德创作的《手、比弗池塘、风车和黄色色块》，这是蓝晒法和油涂料印刷的混合使用，蓝色的图像和黄色的色块结合，色彩对比强烈，画面品质感强。

图 3-3 蓝晒主题帆布包

一直以来以摄影创作为主题的蓝晒法图像有了更多的释义。蓝晒法一般作为摄影的艺术创作，逐渐加以艺术设计的思维，使之更加丰富多采，例如蓝晒与插图、拼贴、丝网印、编织的结合（图 3-3、图 3-4）或者蓝晒图像的物态应用等等。蓝晒法实现多门类的跨界联合，艺术设计为蓝晒法的应用空间打开了众多可能性。

图 3-4 蓝晒主题帆布包（2）

现今的社会嘈杂纷争，人们的生活步入快节奏的轨道，每个人都在自己的岗位上像齿轮一样不停转动着。正是这样的快节奏工作让人们想念慢生活的体验。于是，人们喜欢在工作之余参加兴趣小组（图 3-5），以此来达到释放工作压力。针对这样的需求点，社会上便出现了许多兴趣小组。像这种以用户为中心，涉及基础设施、通信交流以及物料的相关因素，创造或提升用户体验和服务质量的设计，我们称之为服务设计。从根本上讲，服务设计的对象是“体验的产品”，设计的是非物质性的体验。蓝晒工作坊形式的手工体验，正是这样一种非物质性的体验，为受众提供了专业、满意的服务。

蓝晒法历经多年的发展，积累下来的艺术创作作品不胜枚举，这直接形成了蓝晒艺术形式的文化源流。当下我们对蓝晒法为代表的古典摄影工艺技法的回归更是一种对工匠精神的追逐。

蓝晒的研究，对于蓝晒法本身来说是一种精神文化的传承；对于创作者来说，是一种精神文化的体验；对于作品本身来说，是一种精神文化的演绎。所谓的这种精神文化，被认为是蓝晒的文化附加价值。体现在人们对蓝晒这种古典工艺的继续学习和研究上；体现在创造者对触摸纸张的细微感知上、对飞白笔刷的纵横灵动上、对显影后蓝色乍现的情感跌宕上；体现在作品偶然性的独一无二上；体现在产品的情感体验认知上。

这些文化精神传承、体验、演绎，构造了蓝晒法和人们的情感沟通，从而形成了蓝晒法的高附加价值。这个高的附加价值背后就是文化品位，是蓝晒过程中一切发生在人们身体里精神的概括的总和。

图 3-5 蓝晒主题活动

学习测查

多选题：蓝晒工艺不仅可以制作植物叶片蓝晒画，还可以发挥更大的文化价值，以下关于蓝晒工艺文化价值的说法正确的是__________

A. 以蓝晒工艺为主题的作坊，可以让现代都市中的人们体验古典工艺之美。

B. 蓝晒工艺可以应用于编织品、布艺等设计领域，营造古朴典雅的设计美感。

C. 蓝晒工艺的每一幅图都是独一无二的，因此蓝晒工艺可以替代数码摄像技术。

D. 研究蓝晒工艺本身就是一种精神文化的传承。

第二节 蓝晒工艺实践

1. 活动目标

以小组为单位在玉璞园中采集叶片，参考蓝晒工艺流程，创作叶片蓝晒画。

2. 活动步骤

（1）溶液配制（由老师配置）

a. 配制柠檬酸铁铵试剂：用天平称取 20 g 柠檬酸铁铵试剂，加入 100 mL 清水，用搅拌棒搅拌使其充分溶解备用，如图 3-6 所示；

图 3-6 配制柠檬酸铁铵试剂

b. 配制铁氰化钾试剂：称取 8 g 铁氰化钾试剂，加入 100 mL 清水，用搅拌棒搅拌使其充分溶解备用，如图 3-7 所示；

图 3-7　配制铁氰化钾试剂

c. 配制混合溶液：将柠檬酸铁铵溶液和铁氰化钾溶解等量混合均匀后备用，如图 3-8 所示；

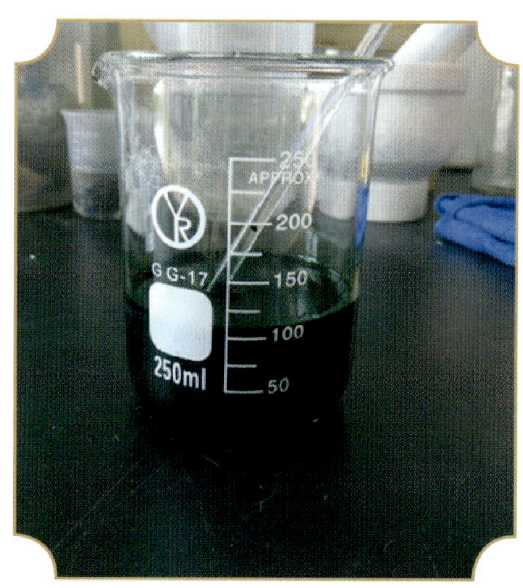

图 3-8 配制混合溶液

（2）制作相纸：将水彩纸裁剪成合适大小后，用胶带粘贴在硬纸板上。用板刷将混合溶液均匀的涂抹在相纸表面，而后在无紫外线的环境中晾干，如图 3-9 所示。

图 3-9 制作相纸

（3）装片及曝光：采集不同的植物叶片，将构思好的图案摆放在相纸上，摆放结束后，拿到自然光下进行曝光，曝光的时间相同，夏季大约 6 min 即可，如图 3-10 所示。

（4）水洗：曝光结束后，取下相纸，在小托盘中放入清水，将相纸分别放入清水中进行漂洗，漂洗时间大约是 3 min, 如图 3-11 所示。

（5）晾干：将相纸在阴凉处晾干即可。

图 3-10　装片及曝光

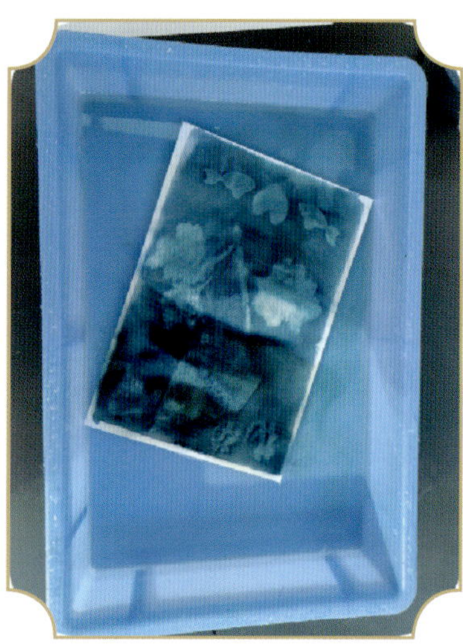

图 3-11　水洗

■ 课程感悟

蓝晒工艺是古典摄影工艺之一，在快节奏的都市生活中依然具有典雅的魅力，亲手采集自己喜欢的植物叶片、亲手调制感光药剂、亲手用板刷制作相纸、亲手创作属于自己的蓝晒画，这个过程虽然慢，却也能让心灵放松。

在今天的“玉璞园：蓝晒工艺探究”课程中，你有哪些感悟呢？

西局玉璞园青少年社会实践活动手册
第四章
园林
打造特色
城市园林
城市园林建设与乡土植物调查

第一节 城市绿化建设与评价

西局玉璞园除了有玉文化特色外，也是一座绿意盎然的城市公园。在四周高楼大厦的簇拥中，玉璞园内花草树木郁郁葱葱，为人们的生活增添了一抹亮色。我们为什么要建设城市公园？城市公园对城市的发展、居民的生活有哪些好处？

一、城市绿化建设

1. 城市绿化

绿化是指栽植绿色植物的工艺过程，是通过运用植物材料把规划用地建成绿地的手段，它包括城市园林绿化（图 4-1）、荒山绿化等。从更广的角度上来看，人类的一切为了工、农、林业生产，减少自然灾害，改善卫生条件，美化、香化环境而去栽植植物的行为都可以被称为“绿化”。

图 4-1　城市公园俯视图

城市绿化可分为绿地和园林两类：城市规划中栽植绿色植物的用地都是“绿地”；将城市规划绿地按照较高的艺术水平、较多的设施和较完善的功能而将其建设成为环境优美的景境就是“园林”。从范围上看，“绿地”比“园林”更为广泛，园林可供游憩而且必是绿地，而“绿地”却不一定称为“园林”，也不一定可以提供游憩。

“绿地”强调的是作为栽植绿色植物、发挥植物的生态作用、改善城市环境的用地，是城市建设用地一种重要类型；“园林”强调的则是为主体服务，功能、艺术与生态相结合的立体空间综合体。

2. 城市绿化的作用

（1）调节气候，改善环境

城市绿化可以调节温度。园林绿化能够调节温度，减少辐射，能够影响城市小气候最突出的有物体表面温度、气温和太阳辐射，其中气温对人体的影响是最为主要的。依据观测夏季绿地的温度比非绿地温度低 3 ℃左右，而相对湿度就提高 4%；而在冬季时，绿地散热又较空旷地低 0.1 ～ 0.5 ℃，故而绿化了的地区有冬暖夏凉的效果。

城市绿化可以调节湿度。凡是在没有绿化的空旷地区，一般情况下只有地表蒸发水蒸气，而经过了绿化的地区，地表蒸发量明显降低了，但会有树冠、枝叶的物理蒸发作用，又有植物生理过程中的蒸腾作用。植物具有这样强大的蒸腾作用，城市绿地的相对湿度比建筑区高 10% ～ 22%，而适宜的空气湿度（30% ～ 60%）有益于人们的身体健康。

城市绿化可以影响气流。绿地与建筑地区的温度能够形成城市上空的空气对流。如果城市的郊区还有大片绿色森林，则郊区的新鲜冷空气就会源源不断地向城市建筑区流动（图 4-2）。这样一来既调节了气温，又改善了城市的通气条件。

图 4-2 城市与郊区的气流循环

城市绿化可以通风防风。城市带状绿化例如城市道路（图 4-3）与滨水绿地（图 4-4），是城市气流的绿色通道。在炎热的夏季，为城市的通风降温创造了良好的条件，而在寒冷的冬季，大片树林可以降低风速，发挥防风作用。

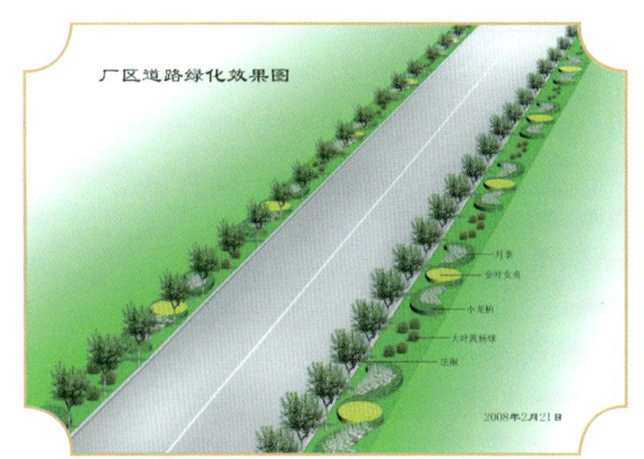

图 4-3 城市道路绿化设计

图 4-4 城市滨水绿地设计

（2）净化空气，保护环境

城市绿化可以吸收二氧化碳，释放氧气。树木花草在利用阳光进行光合作用，制造养分的过程中会吸收掉空气中的二氧化碳，并释放出大量氧气（图 4-5）。

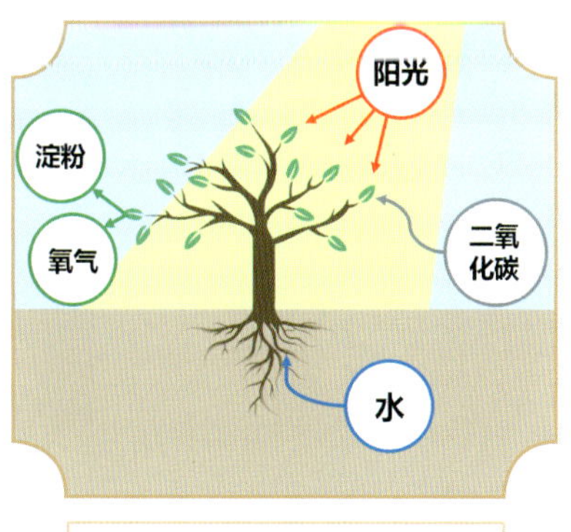

图 4-5 植物的光合作用

城市绿化可以吸收有毒气体。在工厂或居民区排放的废气中，通常都含有各种有毒物质，其中较为普遍的是二氧化硫、氯气和氟化物等。在产生有害气体的污染源附近，应当选择与其相应的具有吸收能力和抗性强的树种来进行绿化，对于

防止污染、净化空气十分有益。

城市绿化可以吸滞粉尘和烟尘。粉尘和烟尘是造成环境污染的主要原因之一，当带有粉尘的气流经过树林时，由于流速的降低，大粒灰尘就会降下，其余灰尘及飘尘则会附着在树叶的表面、树枝部分和树皮的凹陷处，吸滞烟尘的能力很强（图 4-6）。

图 4-6 枇杷树叶具有滞尘作用

城市绿化具有杀菌作用。空气中含有千万种细菌，其中有很多是病原菌。很多树木分泌的挥发性物质都具有杀菌能力。

城市绿化可以保持水土。树木和草地对保持水土有着非常显著的功能。树木的枝叶能够防止暴雨直接冲击土壤，并会减弱雨水对地表的冲击（图 4-7），同时还能够截留一部分的雨水，植物的根系能够紧固土壤，这些都能防止水土的流失。

图 4-7 叶片减轻雨水对土地的冲击

（3）美化城市，改善居民生活

城市绿化可以美化环境。城市街道、广场四周的绿化对市容市貌的影响很大；用绿化来衬托建筑，能使得建筑效果升级，并可用不同的绿化形式来衬托不同用途的建筑，使建筑更加充分地体现其艺术的效果。多层次的园林植物可以形成优美的风景，参天的木本花卉可以构成立体的空中花园，花的芬芳能够唤起人们美好的回忆和联想。

城市绿化具有使用功能。园林绿地中的日常游憩活动一般包括钓鱼、音乐、棋牌、绘画、摄影、品茶等静态的游憩活动（图 4-8），游泳、划船、球类、田径、登山、滑冰、狩猎和健身等体育活动，以及射箭、碰碰车、碰碰船、游戏、攀岩、蹦极等动态的游憩活动。

图 4-8　城市居民在公园下棋

二、城市绿化建设的评价

1. 评价指标

（1）绿化覆盖面积（绿地面积）

城市绿化覆盖面积，指的是一定用地范围内所有植物的垂直投影面积。包括公共绿地、居住区绿地、单位附属绿地、防护绿地、生产绿地、道路绿地、风景林地的绿化种植覆盖面积、屋顶绿化覆盖面积以及零散树木的覆盖面积。各类植物的重叠面积不得计入，如乔木下的灌木、地被植物不得重复计算。

（2）绿化覆盖率

城市绿化覆盖率是城市范围内绿化覆盖面积与城市总用地面积之比，是反映城市土地开发利用质量和卫生环境条件的重要标志，也是中国环境保护模范城市和创建文明城市考核的重要指标。

根据各省市环境状况统计公报及统计年鉴，全国各省市自治区城市绿化覆盖率排名前十的城市为北京(48.4%)（图4-9）、江西（45.22%）、福建（43.7%）、广东（43.5%）、江苏（43%）、安徽（42.15%）、山东（42.1%）、湖南（41.2%）、浙江(40.8%)、重庆(40.4%)。

图 4-9 城市绿化建设

（3）人均公共绿地面积

人均公共绿地面积，指的是城市中每个居民平均占有公共绿地的面积，是反映城市居民生活环境和生活质量的重要指标。公共绿地包括向公众开放的市级、区级、居住区级公园、小游园、街道广场绿地，以及植物园、动物园、特种公园等。

《2020 中国绿色城市指数 TOP50 报告》数据显示，2018 年全国人均公园绿地面积约为 14.11 ㎡，比 2017 年增加 0.1 ㎡，城市建成区绿化覆盖率由 2017 年的 40.9% 提升到 41.11%。其中，人均公园绿地面积超过 20 ㎡的城市有 9 个，分别为东营（28.60 ㎡）（图 4-10）、东莞（24.06 ㎡）（图 4-11）、广安（23.86 ㎡）、泰安（23.14 ㎡）、广州（22.95 ㎡）、临沂（20.93 ㎡）、德州（20.80 ㎡）、莱芜（20.14 ㎡）和滨州（20.11 ㎡）。

图 4-10 山东省东营市部分城区

图 4-11 广东省东莞市部分城区

2. 绿化覆盖率测算

遥感技术作为一门迅速崛起的新兴科学技术，它是建立在现代物理学、计算机技术、数学方法和地学规律基础之上的一门技术。

随着遥感技术的日渐成熟，根据影像进行地物自动分类识别应用得到很大发展，尤其是利用航空影像进行绿地面积自动分类和绿化覆盖率统计技术得到广泛应用。根据影像特征可以方便地判读各种绿地，并对绿地的面积进行量测，就可确定城市绿地的分布与构成，从而进行一些统计、分析工作。具体方法过程如下。

（1）遥感图像的处理

对获得的遥感图像进行处理，修正飞机拍摄图像的误差，使遥感图像判读更方便。

（2）绿化率相关要素的自动判读

经过处理的遥感图像，即可进行专题信息的提取，提取方法如前所述，有目视判读和计算机自动识别。可以根据具体条件选择适当的方法。绿化率相关要素由具体的需要决定，可以是绿地、建筑用地、交通用地、道路、河流等（图 4-12）。

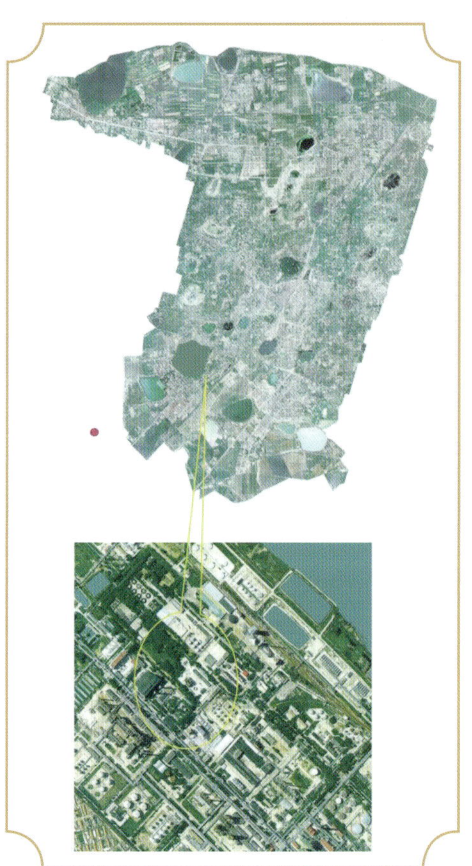

图 4-12 遥感技术判读绿化率相关因素

（3）实地检查

经过目视判读或计算机自动识别后，可以根据需要和条件进行一些野外的实地检查。

（4）面积统计、结果分析

利用 Photoshop 中的直方图选项，可以看到图上选定绿化区域和整个区域所包含的像素个数。由于图像分辨率和比例尺均为已知，三者相乘即可得到所要区域的面积。

在城市绿化调查方面，遥感技术不仅能够准确判定和量测绿化覆盖面积，而且对于判别绿地的类型、结构乃至识别植物种类等都十分有效。此外，利用多时相的遥感图像可以方便地进行绿地变迁的定量研究，对于研究城市绿化的发展动向和控制现有绿地的流失等都有十分重要的意义。

学习测查

1. 判断题：

如果城市绿化覆盖率很高，那么城市居民的人均公共绿化面积也很高。

（　　）

2. 单选题：

目前，城市的绿化覆盖率可以由（　　）技术来进行测算。

A. 全球定位系统

B. 遥感

C. 地理信息系统

D. 深度学习

■ 实践活动：探究玉璞园绿地面积

1. 活动目标

本活动中，我们将模拟遥感技术测定城市绿化面积及绿化率的方法，用方格法测算玉璞园的绿地面积，进一步认识城市绿化在现代城市建设中的重要性。

2. 活动材料

西局玉璞园航拍图（教具）（图 4-13）、硫酸纸、方格纸、铅笔、直尺。

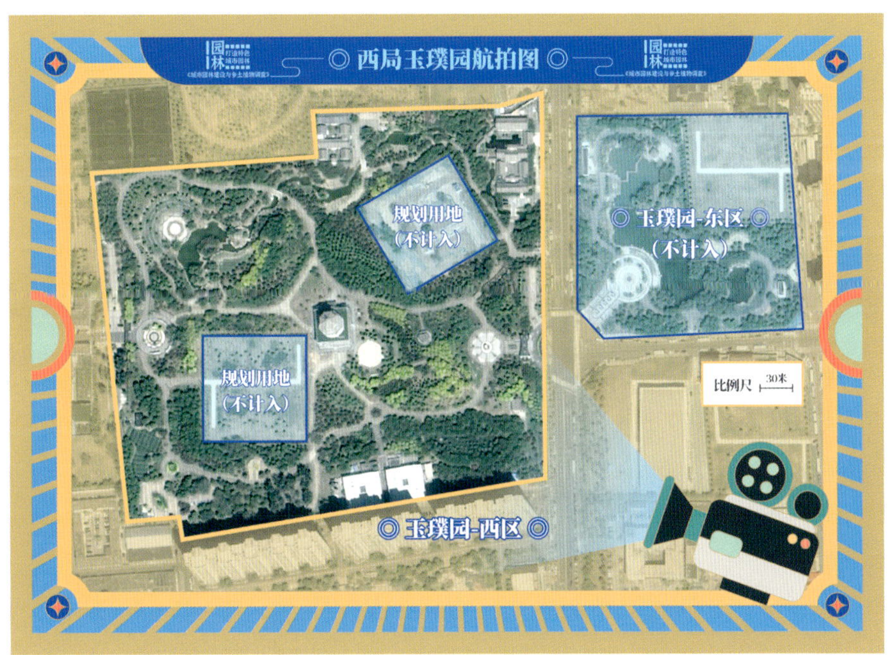

图 4-13 西局玉璞园航拍图

3. 活动步骤

用方格法对玉璞园的绿地面积进行测定、计算。具体步骤如下：

（1）在硫酸纸上描出绿地轮廓

从航拍图中识别出玉璞园（西区）的绿地部分，覆上硫酸纸，用铅笔在硫酸纸上描出全部的绿地轮廓。

（2）用方格法测定地图绿地面积

将带有绿地轮廓的硫酸纸覆盖在方格纸上，对绿地轮廓圈起的方格计数；超过半格记 1 格，不足半格记 0 格。

（3）计算实际绿地面积

根据航拍地图比例尺，计算实际绿地面积。

$$\text{绿地面积（m}^2\text{）}=\frac{\text{方格数}\times\text{方格面积（cm}^2\text{）}\times\text{地图缩小比例}^2}{10\,000}$$

注：地图的比例通常标注在地图的左下角或右下角，以 1 厘米线段代表一定的实际距离，距离长度标注在线段上；例如，线段上标注“50 m”，代表地图上的 1 cm 为实际长度 50 m，即地图缩小的比例为 5 000 倍，比例尺写作“1 ： 5 000”。

表 4-1 方格法计算玉璞园绿地面积

地图绿地面积（测量与计算）			实际绿地面积（计算）	
方格数	单个方格面积 /cm^2	地图绿地面积 /cm^2	比例尺	实际绿地面积 /m^2
			1：________	

4. 活动小结

通过计算，我们发现：

航拍地图中，玉璞园的绿地面积为__________cm^2；地图的缩小倍数是__________，经过计算可以得到实际绿地面积为__________m^2。

近年来，我国各省市自治区都将增加绿地面积作为发展目标，有计划地在城市中规划新增绿化覆盖。绿地的建成改善了周围的环境和景色，为居民提供了更加舒适的城市生活。

第二节 乡土植物在城市绿化中的应用

在建设“绿色城市”“生态园林城市”的号召下，一些城市盲目追求提高绿地面积，具体实施绿化时出现了许多问题，例如植物种类单一、引入植物失败等，破坏了城市景观，也造成了资源的浪费。城市绿化通常选择什么样的植物？如何解决城市绿化的现存问题？

一、城市绿化植物选择

1. 选择原则

首先，城市树种选择要以乡土树种为基础（图 4-14、图 4-15）。植物往往受生态因素和地域环境的影响，其适应环境的能力是不同的，当地树种对本地上壤、气候和水分的适应能力很强，不仅树苗多，而且成活率极高，因此将乡土树种设成基本树种，是保护当地植物的必然选择，也是保护地区性景观的重要途径。

其次，易成活的植物应作为首要选择。对于风沙大、环境相对恶劣的北方城市，应选择抗性强的植物。抗性强的植物不仅对酸碱、旱涝、坚硬的土壤有很强的适应性，还对虫害、雾霾、有害气体有一定的抵御能力。

再次，应将速生和慢生树种交叉种植。速生树种包括杨树柳树、槐树等，其特点是生长和衰老速度都很快，繁盛期约 30 年，此后需要进行更新。慢生树种包括云杉、柏树、祁连、白桦等，其特点是生长缓慢，需要 20～40 年时间才能枝繁叶茂。但其生命力极其旺盛，一般可达百年以上。为了保证城市绿化效果，最好将速生和慢生树种交叉种植，并有计划、分层次地进行，最终达到

普遍绿化的效果。

最后，将针叶树种和阔叶树种、常绿树种和落叶树种相结合，这样城市中一年四季都有绿色植物，都能赶上不同植物的枯荣期，使得城市景观错落有致，搭配合理。

图 4-14 北京的银杏

图 4-15 厦门的榕树

2. 选择方法

城市绿化园林树种的选择，主要需要考虑功能效果和艺术效果，力求空间组织和谐、美观大方即可。

在乔木的选择功能上，主要以遮阴纳凉、净化空气为主，因此要选择株型整齐、容易繁殖、适合本地环境的乔木。

灌木多用于人行道的绿化带，因此要避免选择过多杂枝的物种，还要无毒少刺，易于修理。草本植物则要考虑到艺术性和科学性，既能充分展现当地景观的特点，又能发挥绿地的功效。

另外，由于草本花卉成本较高，一般城市不会大面积使用。

学习测查

单选题：

大面积的城市绿化中通常不选用哪一类植物？（　）

A. 乡土树种

B. 容易存活的植物

C. 耐寒的树种

D. 昂贵的花卉

二、我国城市绿化中的乡土植物及常见植物

按照植物的类别和高度特征等，用于城市绿化的乡土植物可分为乔木类植物、灌木类植物、攀援类植物和地被类植物。

1. 乔木类植物

乔木指的是树身高大的树木，这类植物都有一个明显的直立主干，且通常高达六米至数十米的木本植物。按照叶片形态及其他生物学特征，可以分为阔叶树类、针叶树类、竹类、棕榈类等。

（1）阔叶树类

包括木兰科的白玉兰、广玉兰等；桑科的小叶榕、大叶榕等；豆科的凤凰木、紫荆、海红豆、合欢、黄槐；金缕梅科的枫树；以及银杏、木棉、梅花、桃花、柳树、桂花等，如图 4-16 至图 4-25 所示。

图 4-16 玉兰

图 4-17 榕树

图 4-18　凤凰木

图 4-19　合欢

图 4-20　槐树

图 4-21　枫树

图 4-22 银杏

图 4-23 柳树

图 4-24 桃花

图 4-25 桂花

（2）针叶树类

包括马尾松、雪松、柏树、水杉等，如图 4-26 至图 4-29 所示。

图 4-26　马尾松

图 4-27　雪松

图 4-28　柏树

图 4-29　水杉

（3）竹类

包括箬竹、毛竹、刚竹、紫竹等，如图 4-30 至图 4-31 所示。

图 4-30 箬竹

图 4-31 紫竹

（4）棕榈类

包括椰子、棕榈、槟榔、蒲葵等，如图 4-32 至图 4-33 所示。

图 4-32 棕榈

图 4-33 槟榔

图 4-40 金银木

图 4-41 含笑

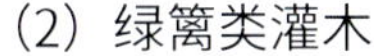

（2）绿篱类灌木

包括大叶黄杨、小叶黄杨、龙柏、鸭脚木、勒杜鹃等，如图 4-42 至图 4-45 所示。

图 4-42 黄杨

图 4-43 龙柏

图 4-44 鸭脚木

图 4-45 勒杜鹃

3. 攀援类植物

攀援类植物指茎蔓细长、自身不能直立，需要攀附在其他支撑物或是缘墙而上的观赏植物。城市绿化中的攀缘植物主要有紫藤、地锦、凌霄、铁钱莲、常春藤、炮仗花、葡萄、金银花等类别，如图 4-46 至图 4-47 所示。

图 4-46 紫藤

图 4-47 地锦

4. 地被类植物

地被植物是指能够覆盖地面的低矮植物，它们均具有植株低矮、枝叶繁密、枝蔓匍匐、根茎发达、繁殖容易等特点。城市绿化中的地被类植物主要有草坪草植物，如早熟禾、羊茅草等; 开花地被植物，如矮牵牛、二月兰等; 观叶地被植物，如玉簪、黄菖蒲、麦冬、羽衣甘蓝、酢浆草、彩叶草、海芋等，如图 4-48 至图 4-53 所示。

图 4-48　矮牵牛

图 4-49　二月兰

图 4-50 玉簪

图 4-51 麦冬

图 4-52 羽衣甘蓝

图 4-53 酢浆草

学习测查

1. 连线题:

将植物名称与植物类别用“直线”相连。

黄杨	地被类
紫罗兰	乔木类
地锦	灌木类
垂柳	攀援类

■ 实践活动：玉璞园乡土树种类别及特征调查

1. 活动目标

本活动中，我们将结合图鉴识别玉璞园中的树种，对部分树木进行细致的观察和调查，进一步认识华北地区城市绿化的常用树种，理解乡土植物在城市绿化中的重要作用。

2. 活动材料

铅笔、直尺、软尺。

3. 活动步骤

在玉璞园中行走，对园中树木种类及特征进行调查。具体活动步骤如下：

（1）调查树木种类

在玉璞园内行走 100 m（约 150 步），观察道路两侧树木；结合图鉴或手机应用识别树木，记录名称并统计种类数。图 4-58 至图 4-72 为华北地区常见乡土树种图鉴（花、叶特征为主）。

图 4-58 毛白杨

图 4-59 柳树

图 4-60 榆树

图 4-61 槐树

图 4-62 鹅掌楸

图 4-63 梓树

图 4-64 臭椿

图 4-65 银杏

图 4-66 桃树

图 4-67　紫叶李

图 4-68　柏树

图 4-69　元宝枫

图 4-70　白皮松

图 4-71　油松（针叶短粗）

图 4-72　华山松（针叶细）

（2）调查树木特征

在园中选择 3 棵不同的树木，对它们的生物学特征进行调查。

首先，在表 4-2 中记录树木基本信息，包括名称、在公园中的大致位置。

接着，调查树木生物学特征，并记录在表 4-3 中。具体指标如下：

a. 测量树的高度

一名同学站在树旁边，测量者远远站着，用铅笔比出同学和树的“高度”，测量两者“高度”，结合同学身高，推算树的高度。

b. 测量树的胸径（立木测定法）

在树木高 1.3 m 处，用软尺测周长，将树干横切面近似为正圆计算直径。

c. 绘制树的叶片

仔细观察叶片，画出叶片形态，记录叶片的颜色。

表 4-2 玉璞园乡土树种类别调查

玉璞园中的树木种类	
1.________________	2.________________
3.________________	4.________________
5.________________	6.________________
7.________________	8.________________
9.________________	10.________________

表 4-3 玉璞园树木生物学特征调查

树木名称	高度 / m	胸径 / m	叶片形态（简单画出）

4. 活动小结

通过调查，我们发现：

玉璞园中有________类乡土树种；其中令我印象最深的树是________________，它的高度是______m，胸径是______m，叶片的形态特征是______________________________。

《北京市人民政府关于2012年实施平原地区20万亩造林工程的意见》中提出，城市绿化要“以乡土植物为主，乡土植物与引进植物相结合”，“以乔木为主，乔木、灌木与地被植物相结合”，才能科学地打造城市园林景观。玉璞园中高大的乡土乔木，为游人投下了一片广阔的绿荫。

活动总结

同学们，“玉璞园：城市绿化建设与乡土植物调查”课程到这里就接近尾声了，本课程分为两课时，第一节，我们学习了城市绿地、城市绿地面积及绿化覆盖率的相关知识，通过实践活动理解城市绿地面积测算原理；第二节，我们了解了城市绿化中的常见植物类型，通过调查认识乡土植物在城市绿化中的重要性。接下来，让我们以思维导图形式对相关知识进行总结回顾，请你补充相关信息，完善思维导图。

城市绿地

城市中种植植物的用地，包括__________、绿化带、居住区绿地等。

城市绿地面积

城市地面上________的垂直投影面积，也称绿化覆盖面积。

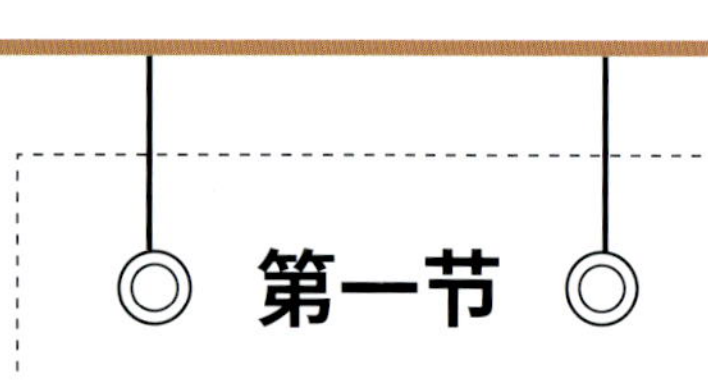

城市绿化覆盖率

_________面积占________面积的比例，是城市卫生环境的重要指标。

与乡土植物调查

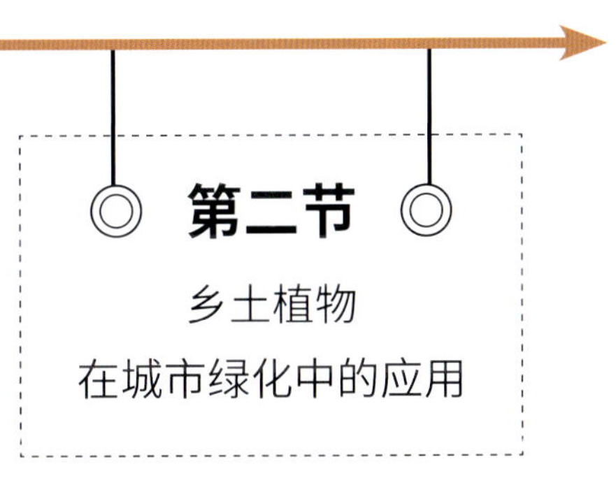

乡土植物

在没有人为影响的条件下，对本地生态环境具有______（高度 / 中度 / 低度）适应性的自然植物。

城市绿化中的植物选择方法

以________________为主，乡土植物与引进植物相结合；以_____________为主，乔木、灌木、地被植物相结合。

■ 课程感悟

在今天的“玉璞园：城市绿化建设与乡土植物调查”课程中，你有哪些感悟呢？快来分享一下吧！

西局玉璞园青少年社会实践活动手册
第五章
园林
打造特色
城市园林
园林降温增湿功能研究

第一节 认识下垫面与人体舒适度

夏天到了,城市的家中、商城、办公大楼、图书馆,都覆盖了空调系统,人们都喜欢待在空调屋中。但是如果没有了空调,你是更喜欢待在城市还是郊区呢?显然是郊区更舒服,这是为什么呢?这就是城市热岛效应。那么热岛效应产生的原因是什么?

一、城市热岛效应

城市热岛效应是指城市地区整体或局部温度高于周围地区的一种异常温度分布现象,以其独特的气候变化对城市生态环境和人类生产活动产生着重大影响。导致其产生的因素有很多,当地的天气条件、城市地理位置、街道走向、建筑群密度、工厂生产等都会加剧城市热岛效应。其中城市发展通常引起地表面覆盖的巨大变化,随着自然植被被诸如金属、沥青和混凝土等非蒸发表面所取代,这种变化将不可避免地引起太阳福射的再分配,导致城乡之间的表面辐射率和空气温度产生差异,成为造成城市热岛效的重要因素。

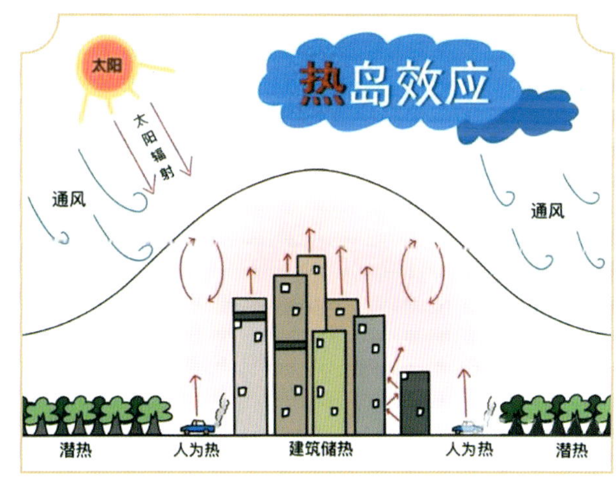

图 5-1 城市热岛效应

城市热岛强度有明显的周期性变化和非周期性变化。

在周期性变化中主要有日变化和季节性变化。在晴朗无风的天气条件下，城市热岛强度大都是夜晚强，白天午后时刻弱，且热岛强度的最大值大多出现在日落后的 2~5 h。热岛强度的季节性变化十分复杂，它主要依区域气候条件和城市人为因素而异，没有一定的模式。

城市热岛强度还因气象条件和人为因素不同出现明显的非周期性变化。在气象条件中，风速、云量、太阳辖射以及低空气温直减率等的影响最为重要，表现为风速越大，云量越多，天气形势越不稳定，低空气温直减率越大，热岛强度就越小，甚至不存在热岛。

此外，人为热的排放对热岛效应也有一定的影响，尤其是在冬季太阳辐射相对较弱，人为热对城市热岛强度的影响更为明显。在人为因素中，热岛效应与空调耗热量和车流量的关系最为密切。

二、下垫面

下垫面是大气与其下界的固态地面或液态水面的分界面，指在热量、动量和水汽交换过程中与大气相互作用的地球表面（土壤、草地、水体等）是大气的主要热源和水汽源，也是低层大气运动的边界面，是地球表面的特征，如海陆分布、地形起伏和地表粗糙度、植被、土壤湿度、雪被面积等等，它对气候的影响十分显著。

图 5-2　园林环境

下垫面的性质对大气物理状态与化学组成的影响很大，是气候形成的重要因素，它可以影响城市内部的大气温度、湿度、风等气候因子。不同的下垫面地物类型其地表温度差异明显，城市中的密集建筑老城区和新工业区则因为地表比热较大，建筑物阻碍空气流通，往往成为高温点。由于水体的比热较大，以及植被的遮挡和蒸腾作用，面积广阔的植被和水体有着明显的降温作用，可以有效缓解城市高温，降低城市热岛效应。

三、城市绿地的温湿效应

1. 遮阴

城市绿地具有明显的降低空气温度和增加空气湿度的效应，这主要是源于植物具有遮阴和蒸腾作用。在夏季植物枝叶茂盛时，其枝叶能遮挡和吸收大部分的太阳辐射热。对于正常生长的整株树木，依据其叶片密度，叶片的类型与布局，大致可以有效拦截 80%~90% 的太阳辐射。

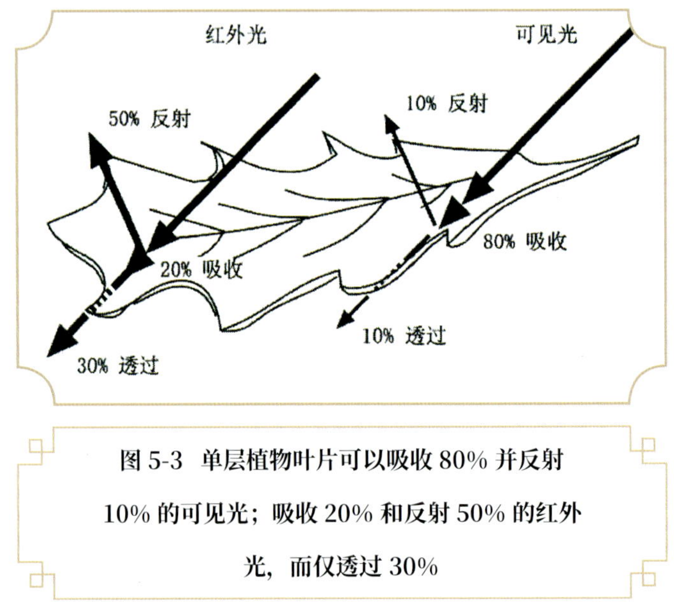

图 5-3 单层植物叶片可以吸收 80% 并反射 10% 的可见光；吸收 20% 和反射 50% 的红外光，而仅透过 30%

2. 蒸散作用

蒸散作用是绿地产生降温效应的另一个主要原因，主要包括地表水分的蒸发与植物体内水分的蒸腾。蒸发主要指水分从土壤或水体中散失到大气的过程，而蒸腾作用主要指植物从土壤中吸

收的水分通过植物叶片以水蒸汽状态散失到大气中的过程。植物通过根系从土壤中获得的水分大多通过蒸腾作用耗散掉，只有一小部分用于植物自身的活动。在白天，植物吸收的大部分太阳福射能都以蒸腾作用的方式转化为潜热，进而增加环境湿度，降低空气温度。蒸腾作用可以有效地降低树叶表面的温度及其周边环境的空气温度。植被的蒸腾作用和土壤的蒸发作用，使得绿地近地面的气温比以不透水表面为主的建筑区域的气温要低，从而形成“绿洲效应”。众多研究表明，植物单独的蒸散作用，或结合遮阴效应可以有效地降低夏季高温时段的气温，进而为市民提供更加舒适的城市环境。

3. 减少温室气体

城市空气中二氧化碳浓度一般大于郊区，对人体健康非常不利。二氧化碳也是引发温室效应而导致全球气候变暖的主要温室气体。近百年来，二氧化碳等温室气体在大气中的浓度急剧增大，导致温室效应增强，对生态环境和生态平衡带来了严重的负面影响。植物可以通过光合作用，吸收空气中的二氧化碳并释放氧气，对调节大气中的碳氧平衡以及缓解温室效应有着重要的影响和作用。据估计，每公顷的阔叶乔木林在生长季节每天约消耗 1 000 kg二氧化碳，生长良好的草坪，每公顷每天可吸收 360 kg二氧化碳。城市中的公园、行道树、庭园、草坪等均有消耗二氧化碳和产生氧气的积极作用，尤以树干高大、枝叶层次多的阔叶乔木效果为最好。降低空气中二氧化碳的含量一方面可以提高空气质量有利于居民的健康；另一方面又可缓解温室效应，对抑制全球增温有一定的作用。

同时，由于前面所述的城市绿地可以调节城区空气温度，因而可以减少空调的制冷能耗，进而可以减少生产电能的化石燃料的燃烧，从而降低二氧化碳等温室气体的排放。

四、人体舒适度

人体舒适度是以人类机体与近地大气之间的热交换原理为基础，从气象角度评价人类在不同气候条件下舒适感的一项生物气象指标。从人体调节平衡机能来看，环境温度升高时，排汗是调节热平衡的主要手段，而能否快速地以这种方式散失人体多余热量与空气饱和差以及流经皮肤表面的风速成正比。同时，风、光照等其他气象要素最终也通过对温湿度的影响，间接地调节环境中的人体舒适度。因此，空气温度和相对湿度被视为影响人体热舒适感的两个重要因子。

图 5-4　人体舒适度

国内外学者针对城市环境中的人体舒适度进行了大量研究，且形成了相关数学模型，虽然不同学者进行研究时采用的指数计算方法各不相同，但这些指数在本质上是一致的，都涉及了人体生理学各方面的内容以及人体对自己周围环境气候因素的感知。

由北京气象局年发布的人体舒适度指数：

$$Di=1.8T+0.005\,5(100-RH)-3.2\times v^{1/2}+32$$

式中，Di 为人体舒适度指数；T 为空气温度（°C）；RH 为相对湿度（%）；v 为风速（m/s）。

表 5-1 北京气象局舒适度指数表

指数范围	等级	感觉程度	关照语
≤ 0	一级	极冷	感觉极不舒服，容易冻伤。另外，心脑血管病患者要注意保暖，多锻炼，并适当用药
0~25	二级	很冷	感觉很不舒服，有冻伤的危险。容易诱发流感、麻疹等疾病及心脑血管疾病，请注意预防
26~38	三级	冷	大部分人感觉不舒服。可通过锻炼及摄取高热量食物来增加体内热量，另外，请注意添衣保暖，年老体弱者应注意御寒
39~50	四级	微冷	少部分人感觉不舒服，气管患者、心脑血管患者要注意气温的变化对身体造成的影响
51~58	五级	较舒适	大部分人感觉舒服，但年老体弱者要注意天气对身体造成的影响，夜间容易着凉
59~70	六级	舒适	绝大部分人感觉舒服，可安排室外活动，是外出旅游的好季节

表 5-1（续）

指数范围	等级	感觉程度	关照语
71~75	七级	较舒适	大部分人感觉舒服，可安排室外活动，是进行室外活动的好季节
76~79	八级	微热	少部分人感觉不舒服。可适当进行室外活动
80~85	九级	炎热	大部分人感觉不舒服。中午前后应尽量减少外出活动，应使用风扇
86~89	十级	暑热	感觉不舒服。可能导致中暑，要采取防暑降温措施，年老体弱者要特别注意防范。另外，不宜进行室外活动，有条件者可使用空调
>90	十一级	酷热	感觉很不舒服。容易中暑，请采取防暑降温措施，尤其是老人、小孩及精神病患者等要注意预防，不适合进行室外活动，有条件者可使用空调

城市公园绿地在夏季可以通过对温湿度的调节，进一步改善室外环境中的人体舒适度。但是，由于绿地自身结构特征和周围环境因子的差异，它们对人体舒适度的改善程度也有所不同。

五、温湿度计原理介绍

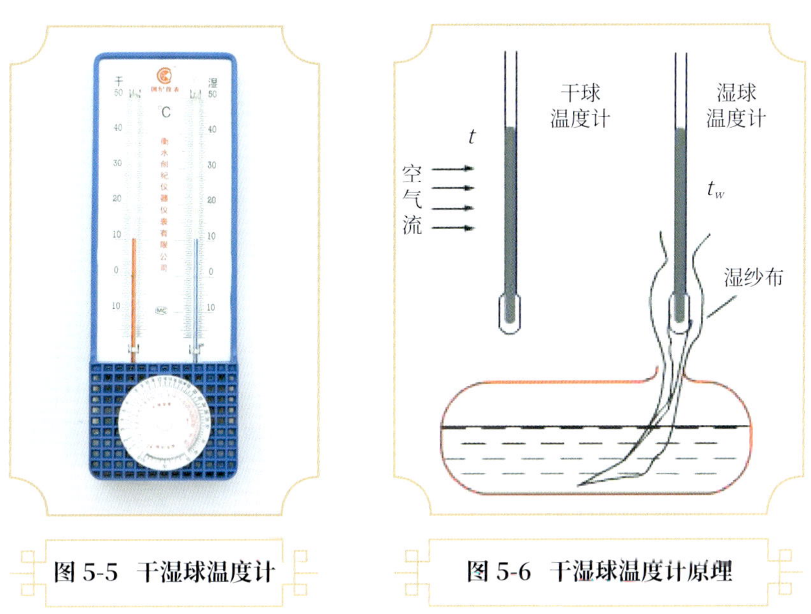

图 5-5　干湿球温度计

图 5-6　干湿球温度计原理

干湿球温度计：干湿球温度计的干球探头直接露在空气中，湿球温度探头用湿纱布包裹着，其测湿原理就是：纱布中的水分不断向周围空气中蒸发并带走热量，使湿球温度下降。水分蒸发速率与周围空气含水量有关，空气湿度越低，水分蒸发速率越快，导致湿球温度越低。湿球上裹了湿布比热容比干球大，温度变化小，干球测出的是准确温度，湿度是温度函数，根据热力学原理由干球温度表与湿球温度表的温度差值计算得出。干湿球湿度计就是利用这一现象，通过测量干球温度和湿球温度来确定空气湿度的。

图 5-7　指针式温度计

指针式温度计：是形如仪表盘的温度计，也称寒暑表，用来测室温，是用金属的热胀冷缩原理制成的。它是以双金属片作为感温元件，用于控制指针。双金属片通常是用铜片和铁片铆在一起，且铜片在左，铁片在右。由于铜的热胀冷缩效果要比铁明显得多，因此当温度升高时，铜片牵拉铁片向右弯曲，指针在双金属片的带动下就向右偏转（指向高温）；反之，温度变低，指针在双金属片的带动下就向左偏转（指向低温）。为提高测温灵敏度，通常将金属片制成螺旋卷形状。当多层金属片的温度改变时，各层金属膨胀或收缩量不等，使得螺旋卷卷起或松开。由于螺旋卷的一端固定而与另一端可以自由转动的指针相连，因此，当双金属片感受到温度变化时，指针即可在一圆形分度标尺上指示出温度来。

图 5-8 数字式温湿度计

数字式温湿度计：数字式温湿度计利用温湿度传感器（如铂电阻、热电偶、半导体、热敏电阻、湿敏电阻、湿敏电容等），将温湿度的变化转换成电信号的变化，这个电信号可以使用模数转换的电路即 AD 转换电路将模拟信号转换为数字信号，数字信号再送给处理单元，处理单元经过内部的软件计算将这个数字信号和温湿度联系起来，成为可以显示出来的温湿度数值，然后通过显示单元显示出来。

学习测查

1. 城市中的气温通常比郊区的气温高一些，这种现象叫作城市的“热岛效应”，形成热岛效应的主要原因是人类的活动。举出两个例子，说明人类的哪些活动可以引起热岛效应。

____

____

____

2. 多选题：城市热岛效应产生的原因主要有哪些？（　　）

A．人为放热

B．人为排放温室气体

C．人工下垫面比例高

D．城市垃圾产生多

3. 填空题：由北京气象局年发布的人体舒适度指数：$Di=1.8T+0.0055(100-RH)-3.2\times v^{1/2}+32$。式中，$Di$ 为__________；T 为________，单位为______；RH 为单位为_____；v 为_____，单位为_____。

第二节 园林降温增湿功能研究

城市热岛效应在中国是一种普遍存在的“城市病”，炎热的夏天，如果我们不能去郊区避暑，那么来到公园也是一个好的选择。在公园环境中，也存在着不同的下垫面环境——林地、草地、水体、路面，在一天的不同时间点（比如上午 9:30、10:30、11:30、13:30）内，究竟哪种下垫面环境人体舒适度好呢？接下来，让我们通过设计科学实验来解决。

1. 活动目标

实验目的：通过实验，分析公园一天中不同时间点、不同下垫面类型的人体舒适度，给人们在公园中休憩提供合理的建议。

2. 活动步骤

（1）选择测量时间点。选择 9:30、10:30、11:30、13:30 共计 4 个时间点作为测量时间点。（以 9:30 为例，按照以下操作方法进行实验数据的收集，其他时间点操作相同）

（2）选择公园林地、草地、水体和路面 4 种下垫面环境，每种环境选择 3 个取样位点，进行风速、温度、湿度的测量。

（3）风速测量。利用风速仪测量下垫面上方 1.5 m 高处，在东西南北 4 个方向分别测量风速，每次测量时待风速仪的读数稳定后即可记录此时的风速，将 4 个方向的风速计算平均值，作为此时刻的风速。

（4）温度和湿度测量。利用温湿度计测量下垫面上方 1.5 m 高处的温度和湿度。

图 5-9　活动步骤

（5）数据分析和处理：

① 以路面作为对照，计算其他下垫面相对于路面的降温作用（d*T*）和增湿作用（d*RH*）以公园林地为例（将以下公式中的“绿地”替换成“林地”即可，草地和水体亦如此）。

d*T*(°C)=*T* 绿地 -*T* 路面 ，d*RH*(%)=*RH* 绿地 -*RH* 路面

d*T* 降温作用；

d*RH*（%）增湿作用；

T 绿地为绿地中温度值；

T 路面为对照点路面的温度值；

② 依据公式，计算不同时间点，4 种不同的下垫面人体的舒适度

$Di=1.8T+0.0055(100-RH)-3.2\times v^{1/2}+32$，

字符 Di 为人体舒适度指数；

T 为空气温度（℃）；

RH 为相对湿度（%）；

v 为风速（m/s）。

③ 绘制柱状图：依据林地、草地、水体的降温作用和增湿作用，以时间点为横坐标，以 dT 或 dRH 为纵坐标，绘制 4 个时间点的“不同时段各下垫面降温效果折线图”和“不同时段各下垫面增湿效果折线图”。

3. 数据记录表（表 5-2）

表 5-2 不同时段公园下垫面人体舒适度测定数据记录表

时间	下垫面	风速 / （m/s）					空气温度 *T*/°C	相对湿度 *RH* /%
		东	南	西	北	均值	测量	测量
9:30	林地							
	草地							
	路面							
	水体							
10:30	林地							
	草地							
	路面							
	水体							

表 5-2（续）

时间	下垫面	风速 /（m/s）					空气温度 T/°C	相对湿度 RH /%
		东	南	西	北	均值	测量	测量
11:30								
	林地							
	草地							
	路面							
	水体							
13:30								
	林地							
	草地							
	路面							
	水体							

4. 数据分析表（表 5-3）

表 5-3 不同时段公园下垫面舒适度测定数据分析表

时段	时间	下垫面	风速 /（m/s）	空气温度 T /°C	相对湿度 RH/%	降温作用 dT/°C	增湿作用 dRH /%	舒适度 Di	舒适度等级
上午时段	9:30	林地							
		草地							
		路面				—	—		
		水体							
	10:30	林地							
		草地							
		路面				—	—		
		水体							
中午时段	11:30	林地							
		草地							
		路面				—	—		
		水体							
	13:30	林地							
		草地							
		路面				—	—		
		水体							

注：dT(°C)=$T_{绿地}$-$T_{路面}$，dRH(%)=$RH_{绿地}$-$RH_{路面}$

式中，降温作用 dT；$T_{绿地}$为绿地中温度值；$T_{路面}$为对照点路面的温度值。

根据数据在表 5-4 和表 5-5 中绘制折线图

表 5-4 不同时段各下垫面降温效果折线图

表 5-5 不同时段各下垫面增湿效果折线图

5. 结果与讨论

通过上述实验数据，我们发现：

不同时间点，自然下垫面（林地 / 草地 / 水体）相对于人工下点面（路面）温度________（较高 / 较低），说明自然下垫面有明显的______（降温 / 增温）作用，______（降温 / 增温）值在______°C范围。

不同时间点，自然下垫面（林地 / 草地 / 水体）相对于人工下点面（路面）湿度________（较高 / 较低），说明自然下垫面有明显的______（降湿 / 增湿）作用，______（降湿 / 增湿）值在______°C范围。

不同时间点，公园内各下垫面的人体舒适度排序分别为__________________________，不同观测时间点，舒适度指数最佳下垫面分别为__________________________（林地、草地、路面、水面）。

随着环境温度的变化，人体舒适度也随之变化，在游园过程中可根据环境状况选择舒适的环境区域活动，以免在游园过程中产生高温中暑的风险。

请你根据实验结果，为游客制订一份舒适游公园的建议。

____

____

____

____

____

____

对于改善热岛效应，请你提出一些切实可行的建议。

____

____

____

____

____

____

活动总结

同学们，“玉璞园：园林降温增湿功能研究”课程到这里就接近尾声了，本课程分为两课时，在第一课时，我们学习了城市热岛效应，认识了热岛效应产生的重要因素——下垫面，以及人体舒适评价指标——人体舒适度指数。第二课时，我们通过在玉璞园开展不同时间段、不同下垫面的人体舒适度测定，建立了一个合理游玩公园的建议。接下来，让我们以思维导图形式对相关知识进行总结回顾，请补充相关信息，完善思维导图。

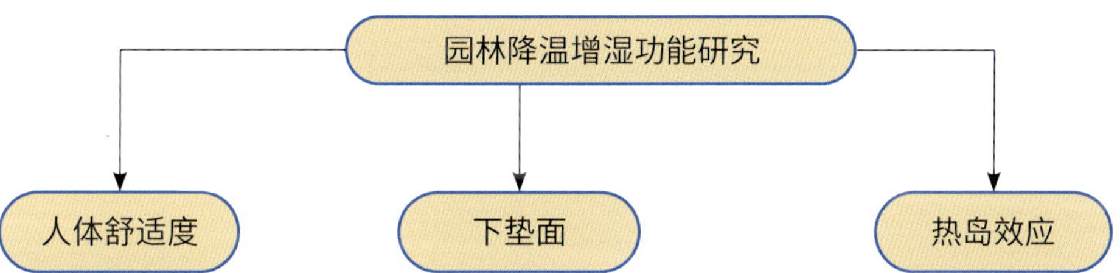

城市热岛效应是指整体或局部温度高于周围地区的一种异常温度分布现象。

城市热岛效应产生的原因主要有

________________、

________________、

________________。

下垫面：是大气与下界的固态地面或者液态水面的分界面。

在公园中有多种下垫面类型，如

________________、

________________、

________________、

________________。

人体舒适度是以人体与近地大气之间的热交换原理为基础，人类在不同气候条件下舒适感的一项生物气象指标。根据北京市气象局年发布的人体舒适度指数公式：$Di=1.8T+0.005\,5(100-RH)-3.2\times v^{1/2}+32$，人体舒适度指数和____________、____________、____________因素相关。

■ 课程感悟

在今天的“玉璞园：园林降温增湿功能研究”课程中，你有哪些感悟呢？快来分享一下吧！

参考文献

1. 杨泽业，郑杰文，列嘉麒，等．增城畲族村的社区管理与文化传承 [J]. 公关世界 ,2021(3):40-45.
2. 陈亦静，曹现果，方帅．新型城镇化过程中传统村落保护与发展模式的思考 [J]. 大观 ,2021(3):61-62.
3. 李林林，徐皓．文化生态视角下的千户苗寨传统村落保护发展规划研究 [J]. 城市建筑 ,2021,18(5):72-74.
4. 于乃镪，翟庚申，苏红．旅游业发展背景下古村落人居环境保护：以安徽宏村为例 [J]. 城市建筑 ,2021,18(2):84-86,189.
5. 柏战．乌镇模式下古镇的开发与管理 [J]. 广西质量监督导报 ,2020(11):124-125.
6. 虞挺．婺源传统村落保护研究 [D]. 南京：南京师范大学 ,2020.
7. 雷彬．江西婺源县传统村落类型及特征研究 [J]. 农村经济与科技 ,2020,31(8):248-249.
8. 徐翼男．原真性视角下的婺源传统村落保护开发现状及思考：以游山村为例 [c] //. 中国民族建筑研究会，中国民族建筑研究会第二十一届学术年会论文特辑 ,2018:279-283.
9. 胡珑川．古城（镇）景区成功的关键性要素探讨 [J]. 旅游纵览（下半月）,2017(7):138-139.

10. 王君秀 . 明清时期北京地区治玉技术史初步研究 [D]. 北京 : 中国地质大学 ,2013.
11. 何松 . 中国玉文化 [J]. 宝石和宝石学杂志 ,2005(3):26-27.
12. 杨建芳 . 关于线切割、砣切割和砣刻 : 兼论始用砣具的年代 [J]. 文物 ,2009(7):53-67.
13. 席永杰 , 张国强 . 红山文化玉器线切割、钻孔技术实验报告 [J]. 北方文物 ,2009(1):110-112.
14. 贺占哲 . 古代玉器制作工艺初探 [J]. 山西煤炭管理干部学院学报 ,2008,21(1):214-215，32.
15. 曾昭冬 . 玉不琢不成器 : 浅析古代制玉工艺 [J]. 文物世界 ,2018(3):35-37，40.
16. 赵敏 . 古法今意 : 古典蓝晒印相技术与视觉设计 [J]. 艺术工作 ,2017(4):101-102.
17. 吴威 . 论古典摄影工艺在数字时代的应用 [D]. 武汉 : 湖北美术学院 ,2017.
18. 向谦 . 传统蓝晒技法在文化创意设计中的活化 [D]. 杭州 : 中国美术学院 ,2017.
19. 刘杨桦 , 梁惠娥 . 蓝晒在棉织物上的创新设计应用 [J]. 印染 ,2015,41(19):21-24，37.
20. 刘杨桦 . 传统蓝晒技艺在棉织物中的设计与应用 [D]. 无锡 : 江南大学 ,2015.
21. 杨泽业 , 郑杰文 , 列嘉麒 , 等 . 增城畲族村的社区管理与文化传承 [J]. 公关世界 ,2021(3):40-45.

22. 熊文媛 . 基于创建园林城市为导向的城市绿化措施探讨 [J]. 智能城市 ,2020,6(5):34-35.

23. 金寅 . 绿道在上海宝山区城市绿化景观发展中的应用 [J]. 上海建设科技 ,2018(4):91-94.

24. 冯天爽 , 姚飞 , 王浩 , 等 . 城市绿化树种选择问题与规模化苗圃建设研究 [J]. 北京农业职业学院学报 ,2017,31(1):18-22.

25. 杨磊 . 浅谈城市绿化园林树种的选择原则与方法 [J]. 农业科技与信息 ,2016(8):120-121.

26. 庄雅婷 . 论城市绿化管理优化研究：以宿迁市为例 [J]. 经济研究导刊 ,2015(9):170-171.

27. 李香娥 , 袁晓宏 . 利用航空影像进行城市绿化面积的调查 [J]. 测绘与空间地理信息 ,2005(5):114-117.

28. 邹原东 . 园林绿化施工与养护 [M]. 北京 : 化学工业出版社 ,2013.

29. 康博文 , 王得祥 , 刘建军 , 等 . 城市不同绿地类型降温增湿效应的研究 [J]. 西北林学院学报 ,2005，20(2):54-56,82.

30. 郑芷青 , 蔡莹洁 , 陈城英 . 广州不同园林绿地温湿效应的比较研究 [J]. 广州大学学报 (自然科学版),2006,5(1):37-41.

31. 徐心馨 , 李小娟 , 孟丹 . 北京市不同下垫面类型对热岛效应及人体舒适度的影响 [J]. 首都师范大学学报 (自然科学版),2013,(3):47-52,76.

32. 靳宁 , 景元书 , 武永利 . 南京市区不同下垫面对人体舒适度的影响分析 [J]. 气候与环境研究 ,2009(47):445-450.